FONDEMENTS DE DROIT

MANUEL D'INITIATION

Collection « L'esprit économique »

fondée par Sophie Boutillier et Dimitri Uzunidis en 1996
dirigée par Sophie Boutillier, Blandine Laperche, Dimitri Uzunidis

Si l'apparence des choses se confondait avec leur réalité, toute réflexion, toute Science, toute recherche serait superflue. La collection « L'esprit économique » soulève le débat, textes et images à l'appui, sur la face cachée économique des faits sociaux : rapports de pouvoir, de production et d'échange, innovations organisationnelles, technologiques et financières, espaces globaux et microéconomiques de valorisation et de profit, pensées critiques et novatrices sur le monde en mouvement...
Ces ouvrages s'adressent aux étudiants, aux enseignants, aux chercheurs en sciences économiques, politiques, sociales, juridiques et de gestion, ainsi qu'aux experts d'entreprise et d'administration des institutions.

La collection est divisée en six séries :

Dans la série *Economie et Innovation* sont publiés des ouvrages d'économie industrielle, financière et du travail et de sociologie économique qui mettent l'accent sur les transformations économiques et sociales suite à l'introduction de nouvelles techniques et méthodes de production. L'innovation se confond avec la nouveauté marchande et touche le cœur même des rapports sociaux et de leurs représentations institutionnelles.

La série *Economie formelle* a pour objectif de promouvoir l'analyse des faits économiques contemporains en s'appuyant sur les approches critiques de l'économie telle qu'elle est enseignée et normalisée mondialement. Elle comprend des livres qui s'interrogent sur les choix des acteurs économiques dans une perspective macroéconomique, historique et prospective.

Dans la série *Le Monde en Question* sont publiés des ouvrages d'économie politique traitant des problèmes internationaux. Les économies nationales, le développement, les espaces élargis, ainsi que l'étude des ressorts fondamentaux de l'économie mondiale sont les sujets de prédilection dans le choix des publications.

La série *Krisis* a été créée pour faciliter la lecture historique des problèmes économiques et sociaux d'aujourd'hui liés aux métamorphoses de l'organisation industrielle et du travail. Elle comprend la réédition d'ouvrages anciens, de compilations de textes autour des mêmes questions et des ouvrages d'histoire de la pensée et des faits économiques.

La série *Clichés* a été créée pour fixer les impressions du monde économique. Les ouvrages contiennent photos et texte pour faire ressortir les caractéristiques d'une situation donnée. Le premier thème directeur est : mémoire et actualité du travail et de l'industrie ; le second : histoire et impacts économiques et sociaux des innovations.

La série *Cours Principaux* comprend des ouvrages simples, fondamentaux et/ou spécialisés qui s'adressent aux étudiants en licence et en master en économie, sociologie, droit, et gestion. Son principe de base est l'application du vieil adage chinois : « le plus long voyage commence par le premier pas ».

Olivier Esneu

Fondements de droit
Manuel d'initiation

L'Harmattan

5-7, rue de l'École-Polytechnique ; 75005 Paris

http://www.editions-harmattan.fr/

ISBN : 978-2-343-14147-3
EAN : 9782343141473

SOMMAIRE

PARTIE 1
INTRODUCTION AU DROIT

Chapitre 1 – La notion de droit

Le droit est omniprésent dans notre vie de tous les jours.

En effet, il permet d'organiser les rapports humains (au travail, dans les affaires…), d'assurer la sécurité des biens et des personnes (avec les concepts de responsabilité civile et pénale) ou de véhiculer des grandes valeurs (comme la liberté, l'égalité…).

En pratique, le mot « droit » peut avoir deux sens d'où deux définitions.

Section 1 – La distinction entre le droit objectif et les droits subjectifs

I. Le droit objectif

Il s'agit de l'ensemble des règles qui régissent la conduite des hommes vivant en société, et qui sont sanctionnées par une contrainte exercée par l'autorité publique. On parle du droit objectif car on considère ici le droit dans **son « objet »** c'est-à-dire dans son but. Par exemple, ***le droit du travail*** qui a pour objet de régir les rapports entre les employeurs et leurs salariés.

II. Les droits subjectifs

Il s'agit de l'ensemble des prérogatives reconnues à un individu ou à un groupe d'individus par le droit objectif et dont ceux-ci peuvent se prévaloir dans leurs relations avec les personnes ou les choses. On parle alors des droits subjectifs car le droit est ici envisagé sous l'angle de **son « sujet »** c'est-à-dire de son bénéficiaire. Par exemple, ***le droit de grève*** qui est accordé aux salariés par le droit du travail.

La langue anglaise utilise les termes de ***« law »*** et ***« rights »*** pour distinguer les deux notions.

Section 2 – Les caractères de la règle de droit

La règle de droit présente plusieurs caractères. Elle est ainsi générale, abstraite et obligatoire.

I. Le caractère général et abstrait

Une règle de droit ne vaut pas pour des cas particuliers. Elle est impersonnelle c'est-à-dire qu'elle ne vise pas un individu déterminé ou une situation particulière. Au contraire, elle s'adresse, sans distinction, à tous ceux qui se trouveront placés dans une même situation définie de manière abstraite.

II. Le caractère obligatoire

Toute règle de droit comporte une sanction en cas de non-respect.

Ce deuxième caractère permet ainsi de distinguer ***les règles de droit*** et ***les règles de morale*** qui ne prévoient aucune sanction hormis les remords de la conscience individuelle.

Section 3 – La classification des règles de droit

On peut distinguer deux grandes « divisions », deux grands sous-ensembles de règles de droit.

I. Le droit public

Il se subdivise en deux grandes branches :

- le droit public comprend ainsi **une branche internationale** dont les règles ont pour objet de régir les rapports entre Etats (on parle alors du droit international public qui découle des traités, des conventions ou des protocoles internationaux) ;

- le droit public comprend aussi **une branche nationale** dont les règles ont pour objet d'organiser les rapports de l'Etat et de ses agents avec les personnes physiques et morales (elle se subdivise elle-même en plusieurs sous-branches comme le droit constitutionnel, le droit administratif, le droit fiscal…).

II. Le droit privé

Il regroupe les règles de droit régissant l'ensemble des rapports entre les personnes (physiques ou morales) entre elles.

Le droit privé se subdivise aussi en deux grandes branches :

- le droit privé comprend ainsi **une branche internationale** dont les règles ont pour objet de régir les rapports entre personnes privées, dans lesquels intervient un élément étranger (élément d'extranéité). On parle plus couramment du droit international privé qui provient essentiellement des grands traités (bilatéraux ou multilatéraux) signés entre les Etats ;

- le droit privé comprend aussi **une branche nationale** qui se subdivise elle-même en plusieurs sous-branches comme le droit civil, le droit commercial, le droit du travail …

Avec la création puis l'élargissement de l'Union européenne, on peut aussi noter l'émergence **d'un droit communautaire** qui vient régir non seulement les rapports entre pays membres de l'Union européenne mais aussi avec leurs ressortissants.

Tableau synthétique des principales branches du droit national

DROIT PUBLIC	DROIT PRIVE
Droit constitutionnel : ensemble des règles juridiques relatives aux institutions grâce auxquelles l'autorité s'établit, se transmet ou s'exerce dans l'Etat. Ces règles sont issues de la constitution.	**Droit civil** : ensemble des règles de droit privé normalement applicables. Il constitue le droit commun par rapport aux règles correspondant à des milieux spéciaux et qui se sont constituées en disciplines propres (voir ci-dessous)
Droit administratif : ensemble des règles qui s'appliquent à l'Administration dans sa gestion des services publics, et dans ses rapports avec les particuliers	**Droit commercial :** ensemble des règles juridiques applicables aux commerçants dans l'exercice de leur activité professionnelle et régissant l'activité commerciale et les actes de commerce
Droit fiscal : ensemble des règles régissant les rapports entre les personnes (physiques et morales) et l'Administration fiscale	**Droit du travail** : ensemble des règles régissant les rapports entre les employeurs et les salariés nés à l'occasion de la relation de travail
Droit pénal : ensemble des règles de droit ayant pour but la sanction des infractions (contraventions, délits ou crimes)	**Droit de la consommation** : ensemble des règles régissant les rapports entre les vendeurs professionnels et les consommateurs

Chapitre 2 – Les sources du droit

Le droit tire son origine dans trois grands types de sources.

Section 1 – Les sources internationales du droit

Le monde est divisé en Etats dont les relations doivent être organisées. C'est dans ce constat que le droit international puise sa nécessité.

Celui-ci repose essentiellement sur **les traités, accords ou protocoles internationaux** qui font l'objet d'un régime juridique particulier.

Ainsi, ces derniers sont applicables en France sous réserve de respecter trois principes :

- **le principe de ratification** : ces textes doivent être ainsi négociés et signés par les Etats (le Président de la République en France) ;

- **le principe de réciprocité** : ces textes doivent être appliqués par les autres signataires ;

- **le principe de primauté de la Constitution sur le droit international** : ces textes doivent être conformes à la Constitution.

Section 2 – Les sources communautaires du droit

Pour faire fonctionner ensemble 27 Etats (depuis le Brexit) qui ont chacun un droit national, il est nécessaire de mettre en place des règles communes permettant d'harmoniser les différentes législations.

En pratique, on parle alors du droit communautaire qui est constitué :

- **du droit communautaire « originaire »**

Il s'agit en fait **des grands traités européens** qui sont à l'origine de la construction européenne tels que **le traité de Paris** du 18 avril 1951, ratifié le 18 juillet 1952, qui met en place la Communauté européenne du charbon et de l'acier (CECA) ou **le traité de Rome** du 2 mars 1957, entré en vigueur le 1er janvier 1958 qui crée la Communauté économique européenne (CEE) et la Communauté européenne de l'énergie atomique (EURATOM).

- **du droit communautaire « dérivé »**

Les institutions européennes (mises en place par les grands traités européens) élaborent aussi des normes qui sont immédiatement et directement applicables dans les Etats membres. C'est ainsi que l'article 189 du traité de Rome autorise le Conseil de l'Union européenne et la Commission européenne à arrêter **des règlements et des directives**, à prendre **des décisions** et à formuler **des recommandations et des avis.**

Section 3 – Les sources nationales du droit

A ce niveau, il est possible de distinguer cinq grandes catégories de sources de droit.

I. Le bloc de constitutionnalité

Il est composé de :

- **la Constitution de 1958** : c'est la loi fondamentale d'un Etat (la plus importante de la République car tous les autres textes doivent la respecter). Elle a pour mission principale d'organiser le fonctionnement des pouvoirs publics en définissant leurs rôles, leurs pouvoirs et leurs relations ;

- **le préambule de la Constitution de 1946 ;**

- **la Déclaration des droits de l'homme et du citoyen de 1789 ;**

- **la Déclaration universelle des droits de l'homme de 1948 ;**

- **la Convention européenne de sauvegarde des droits de l'homme de 1950.**

II. Les textes émanant du pouvoir législatif

Il s'agit de **la loi** qui est un texte voté par le Parlement c'est-à-dire, en France, l'Assemblée nationale et le Sénat. En vertu de l'article 34 de la Constitution, le pouvoir législatif a pour mission principale de fixer les règles et les grands principes dans des domaines précis (prévus par le même article) ainsi que de prendre des lois spéciales (ex. : loi de finances en matière budgétaire).

En pratique, on peut distinguer cinq grandes étapes dans le processus législatif c'est-à-dire cinq grandes phases dans l'élaboration d'une loi :

- **l'initiative de la loi** (il peut s'agir d'un projet de loi provenant du Premier ministre voire de l'un de ses ministres ou d'une proposition de loi élaborée par un parlementaire) ;

- **l'examen et la discussion en commission** (à ce stade, le projet ou la proposition peut faire l'objet d'amendements c'est-à-dire de modifications) ;

- **le vote de la loi** (selon le système de la navette parlementaire qui consiste en un « va-et-vient » entre l'Assemblée nationale et le Sénat jusqu'à ce que le texte soit adopté en termes identiques par les deux chambres) ;

- **la promulgation de la loi** (c'est-à-dire sa signature par le Président de la République) ;

- **la publication de la loi** au journal officiel de la République française (JORF).

III. Les textes émanant du pouvoir exécutif

A ce niveau, on peut distinguer :

- **les ordonnances**

Ce sont des actes, qui permettent au Gouvernement, en vertu de l'article 38 de la Constitution, de prendre des mesures, pendant une durée limitée, qui sont normalement du domaine de la loi sous réserve néanmoins de deux conditions : l'autorisation préalable et la ratification finale par le Parlement.

- **les règlements**

Ce sont des actes, qui en vertu de l'article 37 de la Constitution, peuvent être pris dans tous les autres domaines que ceux de la loi (article 34 de la Constitution) et émanent de l'autorité exécutive. Ainsi, sont détenteurs du pouvoir réglementaire : le Président de la République, le Premier ministre, les ministres, les préfets et les maires.

En pratique, il existe deux principaux types de règlements : **les décrets** (autonomes ou d'application d'une loi) **et les arrêtés** (ministériels, interministériels, préfectoraux ou municipaux).

IV. La jurisprudence

Elle est constituée de l'ensemble des décisions rendues par les cours et les tribunaux. En tranchant les litiges entre les parties, les juges vont ainsi indirectement être une source de création de droit. En effet, ils vont interpréter les règles de droit floues ou les adapter aux situations de fait. Avec le temps, ces décisions pourront être utilisées ultérieurement par d'autres juges dans des affaires similaires ou influencer le législateur.

V. Les textes issus des milieux professionnels

Parmi eux, on peut distinguer :

- **les usages**

Quand la loi fait défaut ou qu'elle est imprécise, le droit peut se former par l'usage (notamment dans la vie des affaires) qui avec le temps peut devenir une coutume. Cette dernière est une règle non écrite caractérisée par **un élément matériel** (à savoir un usage général et prolongé) **et un élément psychologique** (la croyance en l'existence d'une force obligatoire de l'usage).

Une coutume peut toutefois être dénoncée pour y mettre fin sous réserve de respecter une procédure (un délai de préavis notamment).

- **la doctrine**

Il s'agit de l'ensemble des ouvrages et des articles des « professionnels » du droit (professeurs ou praticiens) qui peuvent avoir une influence sur le législateur ou le juge. On parle encore de la **« science du droit »**.

- **les normes collectivement négociées**

En droit du travail, les salariés ont un droit à la négociation collective qui peut déboucher sur la conclusion **d'accords collectifs ou de conventions collectives** que les parties signataires devront alors respecter.

Section 4 – La hiérarchie des sources du droit

Le principe de hiérarchie des sources du droit signifie qu'aucune norme ne peut aller à l'encontre d'une autre qui lui serait supérieure. Par ordre d'importance, on peut ainsi distinguer :

1/ Le bloc de constitutionnalité (Constitution de 1958, Préambule de la Constitution de 1946, Déclaration des droits de l'Homme et du Citoyen de 1789…) ;

2/ Le bloc de conventionalité (droit international et communautaire) ;

3/ Le bloc de légalité (lois et ordonnances) ;

4/ Le bloc réglementaire (décrets et arrêtés) ;

5/ La jurisprudence ;

6/ Le bloc « professionnel » (usages, doctrine et normes collectivement négociées).

Chapitre 3 – L'organisation juridictionnelle

En France, les juridictions sont divisées en deux grands ordres.

Section 1 – Les juridictions de l'ordre administratif

La justice administrative a pour but de trancher les litiges entre les personnes physiques ou morales et l'Administration (l'Etat mais aussi les collectivités territoriales ainsi que les établissements publics tels que les universités ou les hôpitaux). Elle règle aussi les litiges entre les fonctionnaires et leur Administration.

Le premier degré de juridiction est **le tribunal administratif** tandis que le second degré est **la Cour administrative d'appel.** La juridiction suprême au niveau administratif est **le Conseil d'Etat**.

En cas de conflit entre la Cour de cassation et le Conseil d'Etat, sur une question de droit (procédure ou compétence), c'est **le tribunal des conflits** qui tranche.

Section 2 – Les juridictions de l'ordre judiciaire

En France, l'ordre judiciaire peut être découpé en trois types de juridictions.

I. Les juridictions pénales

Il s'agit **de la Cour d'assises** (en matière de crimes), **du tribunal correctionnel** (en matière de délits) et **du tribunal de police** (pour les contraventions).

II. Les juridictions civiles

Il s'agit **du Tribunal de grande instance** (pour les affaires civiles supérieures à 10000 € ou relatives au droit de la famille ou des biens) et **du Tribunal d'instance** (pour les affaires civiles inférieures à 10000 € ou relatives aux crédits à la consommation, à l'état civil ou les baux d'habitation).

III. Les juridictions « spécialisées »

Il s'agit essentiellement **du Conseil de prud'hommes** (pour les litiges entre les salariés et les employeurs), **du Tribunal de commerce** (pour les litiges entre commerçants ou sociétés commerciales) et **du Tribunal des affaires de sécurité sociale** (pour les litiges entre les organismes de sécurité sociale et les personnes assujetties)

Dans tous les cas, comme pour l'ordre administratif, un appel est toujours possible devant **une Cour d'appel** (sauf dans certains cas comme des affaires inférieures à 4000 €).

De la même façon, la juridiction suprême au niveau judiciaire est **la Cour de cassation** devant laquelle il est possible de former un pourvoi. Elle est située à Paris et divisée en six chambres : trois chambres civiles, une chambre criminelle, une chambre sociale et une chambre commerciale.

Il convient de rappeler qu'en matière juridictionnelle, on doit distinguer :

- **la compétence d'attribution** c'est-à-dire savoir ***quel est le tribunal compétent ?*** (le conseil de prud'hommes par exemple pour les litiges entre employeurs et salariés sur le contrat de travail) ;

- **la compétence territoriale** c'est-à-dire savoir ***le tribunal de quelle ville est compétent ?*** (en principe, il s'agit du tribunal du lieu du domicile du défendeur).

Tableau synthétique de l'organisation judiciaire

ORDRE ADMINISTRATIF	ORDRE JUDICIAIRE
Conseil d'Etat	**Cour de cassation**
Cour administrative d'appel	**Cour d'appel**
Tribunal administratif	- **Juridictions civiles** : Tribunal de grande instance (pour les affaires civiles d'un montant supérieur à 10000 €) et tribunal d'instance (pour les affaires civiles d'un montant inférieur à 10000 €) - **Juridictions pénales** : Cour d'assises, tribunal correctionnel et tribunal de police - **Juridictions spécialisées** : Conseil de prud'hommes, tribunal de commerce, tribunal des affaires de sécurité sociale

Depuis le 1er juillet 2017, les juges de proximité ont été supprimés.

Chapitre 4 – Le système de la preuve

Une action en justice nécessite de rapporter la preuve de ce qu'on allègue. En l'espèce, en matière de preuve, trois points sont essentiels : l'objet, la charge et les moyens de preuve.

Section 1 – L'objet de la preuve

Il s'agit ici de se poser la question : ***que faut-il prouver ?***

En pratique, cela consiste à établir la réalité soit d'un acte juridique soit d'un fait juridique.

I. Un acte juridique

C'est une manifestation de volontés dont les conséquences juridiques sont voulues. On parle plus couramment de contrat.

II. Un fait juridique

C'est un événement volontaire ou non dont les conséquences juridiques ne sont pas voulues comme un vol ou un accident par exemple.

Section 2 – La charge de la preuve

Il s'agit ici de se poser la question : ***qui doit prouver ?***

I. Principe

En vertu de l'article 1353 du code civil, *« Celui qui réclame l'exécution d'une obligation doit la prouver. Réciproquement, celui qui se prétend libéré doit justifier le paiement ou le fait qui a produit l'extinction de son obligation. »*

Par conséquent, on dit donc que **la charge de la preuve incombe toujours au demandeur.**

II. Exceptions

En matière de présomptions légales, certaines personnes sont dispensées de la charge de la preuve. On dit dans ce cas que **la charge de la preuve est inversée c'est-à-dire qu'elle incombe au défendeur.**

Ainsi, l'article 1354 du code civil stipule que *« La présomption que la loi attache à certains actes ou à certains faits en les tenant pour certains, dispense celui au profit duquel elle existe d'en rapporter la preuve. »*

En théorie, la présomption est dite « **simple** » lorsque la loi admet la preuve contraire (c'est le cas par exemple de la présomption de paternité du mari) et « **irréfragable** » lorsqu'elle ne peut être renversée (c'est le cas de la présomption de responsabilité par exemple des parents du fait de leur enfant mineur).

Section 3 – Les moyens de preuve

Il s'agit ici de se poser la question : ***comment prouver ?***

A ce niveau, une distinction doit être faite entre les faits et les actes juridiques.

I. Concernant les faits juridiques

Ils se prouvent toujours par tous moyens. On parle alors **de preuve libre.** Il peut s'agir par exemple d'un écrit, de témoignages, de présomptions du fait de l'homme, d'aveux, de serments, d'un commencement de preuve par écrit obtenu de manière loyale…

II. Concernant les actes juridiques

Ils se prouvent en principe par écrit. On parle alors **de preuve littérale**. Il peut s'agir d'un acte authentique (rédigé par un officier d'état public), d'un acte sous seing privé (passé entre particuliers) et même d'un acte électronique (mail par exemple).

En effet, l'article 1316-1 du code civil admet l'écrit sous forme électronique sous réserve néanmoins que puisse être dûment identifiée la personne dont il émane et qu'il soit établi et conservé dans des conditions de nature à en garantir l'intégrité.

Dans ce cas, l'écrit sur support électronique a alors la même force probante que l'écrit sur support papier.

Le droit permet aussi quatre exceptions à la preuve littérale en matière d'actes juridiques :

- **le cas de force majeure** c'est-à-dire le cas d'un événement imprévisible, irrésistible et extérieur aux parties qui fait que ces dernières ne peuvent apporter une preuve écrite ;

- **l'impossibilité morale ou matérielle de se procurer un écrit** puisque pour des contrats conclus entre membres d'une même famille ou par téléphone, les parties peuvent être dispensées de fournir un écrit à titre de preuve ;

- **les actes de commerce** car en matière commerciale, la preuve est toujours libre ;

- **les actes civils inférieurs à 1500 euros.**

Dans tous ces cas, la preuve est alors libre c'est-à-dire par tous moyens.

Chapitre 5 – Les personnes juridiques et leur patrimoine

On peut distinguer deux grands types de personnes juridiques qui, à partir de leur existence, vont pouvoir disposer de **la personnalité juridique** c'est-à-dire vont pouvoir être titulaire de droits et d'obligations ainsi que **d'un patrimoine.**

Section 1 – Les personnes physiques

Il s'agit de tous les êtres humains sans exception.

Depuis l'abolition de l'esclavage (1848 en France), tout être humain possède la personnalité juridique (même en cas de condamnation pénale).

Cependant, tout être vivant n'est pas une personne juridique. Ainsi, les animaux ne sont pas des sujets de droit mais seulement des « êtres doués de sensibilité ».

I. L'existence juridique d'une personne physique

A. Le début de la personnalité juridique d'une personne physique

En principe, il s'agit de **la date de naissance** et plus exactement de la date d'enregistrement sur le registre des naissances au service d'état civil de la mairie.

Cependant, quand il y va de l'intérêt de l'enfant (en cas d'héritage par exemple), on peut exceptionnellement remonter jusqu'à **la date de conception** (c'est-à-dire entre le 300ème et 180ème jour avant la naissance).

B. La fin de la personnalité juridique d'une personne physique

En principe, il s'agit de **la date du décès** et plus exactement de la date d'enregistrement sur le registre des décès au service d'état civil de la mairie pour officialiser ce moment qui entraîne le règlement de la succession du défunt et éventuellement la dissolution de son mariage.

Cependant, il existe aussi deux situations délicates dans lesquelles le juge peut **prononcer un jugement déclaratif de décès** pour mettre fin à l'existence juridique d'une personne physique :

- **en cas d'absence** pendant plus de 10 ans après un jugement déclaratif d'absence ;

- **en cas de disparition** (circonstances telles qu'il n'y a aucune chance de survie comme un crash d'avion).

II. L'identification juridique d'une personne physique

Afin de faciliter leur vie juridique, les personnes physiques sont soumises à certaines règles en matière d'identification notamment en matière de nom, domicile et nationalité.

A. Le nom d'une personne physique

Il existe trois modes d'acquisition du nom :

- **par la filiation naturelle** (à la naissance) ;
- **par le mariage ;**
- **par décision administrative** (enfant adopté ou trouvé).

Depuis le 1er janvier 2005, en matière de nom de l'enfant, les parents peuvent choisir entre le nom du père, le nom de la mère ou les deux noms accolés dans un ordre choisi par ces derniers.

En principe, le nom de famille est immuable. Cependant, lorsqu'un intérêt légitime le justifie, il est possible d'obtenir l'autorisation judiciaire de le remplacer. C'est notamment le cas pour les noms ridicules ou grossiers, tristement célèbres ou lorsqu'une personne souhaite « franciser » son nom.

Le nom est protégé car chaque individu dispose d'un droit sur son nom. Cela permet de s'opposer à toute utilisation frauduleuse de son nom par une tierce personne comme par exemple une usurpation de nom à des fins commerciales ou professionnelles.

B. Le domicile d'une personne physique

C'est le lieu du principal établissement de la personne (celui où elle réside habituellement).

En principe, le choix du domicile est libre.

Cependant, certaines personnes ont un domicile qui leur est imposé par la loi. C'est le cas en particulier pour les mineurs non émancipés qui ont pour domicile légal le domicile de leurs parents.

Le domicile sert à localiser géographiquement la personne physique. Ce qui est essentiel aussi bien en matière administrative que juridictionnelle.

C. La nationalité d'une personne physique

La nationalité est le lien juridique qui relie un individu à un Etat déterminé.

De ce lien découlent pour les personnes aussi bien des obligations que des droits (politiques, civils voire professionnels).

La nationalité française peut résulter :

- soit **d'une attribution à la naissance** (par la filiation par exemple) ;

- soit **d'une acquisition postérieure à la naissance** (par l'adoption, le mariage ou la naturalisation par exemple).

Depuis le traité de Maastricht de 1992, l'idée d'une nationalité européenne est née. En effet, les ressortissants de l'Union européenne ne sont pas traités comme les autres étrangers. Ils ont par exemple le droit de participer aux élections municipales de la ville où ils demeurent hors de leurs pays.

Par ailleurs, concernant la double nationalité, qui est l'appartenance simultanée à la nationalité de deux États, celle-ci peut s'acquérir à la naissance ou plus tard et n'est pas, en principe, définitive. Elle fait l'objet d'aménagements qui résultent le plus souvent d'accords internationaux.

III. La capacité juridique d'une personne physique

Elle comprend deux composantes :

- **la capacité de jouissance** (aptitude à être titulaire de droits) ;

- **la capacité d'exercice** (aptitude à exercer seul ces droits).

L'intérêt de la capacité juridique est de permettre à la personne capable d'accomplir des actes juridiques et de passer toutes formes de contrats (ex. : vente, transport, location…).

Certes, le principe est celui de la pleine capacité, mais en pratique, il existe de nombreuses exceptions venant limiter cette capacité.

A. La capacité juridique des mineurs

En principe, les mineurs de moins de 18 ans sont frappés d'une incapacité générale d'exercice afin de les protéger contre leur inexpérience ou les manœuvres de tiers.

Ainsi, à l'exception des actes de la vie courante, ils doivent être représentés par leurs parents ou leur tuteur pour tous les autres actes.

Cependant, il existe une exception **en cas d'émancipation**. En effet, cette dernière confère au mineur émancipé la pleine capacité juridique et l'assimile au majeur. Elle a lieu suite à une demande auprès du TGI pour « justes motifs » (à partir de 16 ans sur demande des parents ou du tuteur au juge des tutelles).

B. La capacité juridique des majeurs

En principe, à partir de sa majorité, tout homme dispose d'une capacité pleine et entière c'est-à-dire de la capacité de jouissance et de la capacité d'exercice

Cependant, certains majeurs ne peuvent pas prendre en charge leurs intérêts en raison d'une altération de leurs facultés mentales ou physiques (ex. : folie, alcoolisme, prodigalité…). On parle alors d'incapacités.

L'incapable majeur peut alors être placé par le juge sous l'un des trois régimes de protection suivants :

- **la mise sous sauvegarde de justice** (en cas d'altérations légères des facultés mentales ou physiques) ;

- **la mise en curatelle** (en cas d'altérations moyennes des facultés mentales ou physiques) ;

- **la mise en tutelle** (en cas d'altérations graves des facultés mentales ou physiques).

Les actes passés par un incapable tel qu'un mineur non émancipé ou un majeur sous un régime de protection peuvent être annulés par le juge dans un délai de cinq ans à compter de la conclusion de l'acte suite à la demande de l'intéressé lui-même ou de son représentant (ex. : parents, tuteur…).

IV. Le patrimoine d'une personne physique

A partir du moment où une personne est reconnue juridiquement c'est-à-dire à partir du moment où elle possède la personnalité juridique, elle peut alors disposer d'un patrimoine.

Il s'agit **de l'ensemble de l'actif (droits) et du passif (obligations) d'une personne.**

L'actif est principalement constitué de biens meubles (susceptibles de déplacement) ou immeubles (fixes) qui peuvent être corporels (en ayant une existence physique) ou incorporels (n'ayant pas de réalité sensible).

En pratique, l'actif et le passif du patrimoine forment un « tout solidaire ». Cela signifie que l'ensemble de l'actif doit répondre de l'ensemble du passif.

Autrement dit, un créancier impayé peut faire saisir les éléments de l'actif de son débiteur pour que sa créance soit réglée. On parle du **droit de gage général.**

Ce dernier est en fait une garantie reconnue à tout créancier d'obtenir le paiement de sa créance sur tous les biens de son débiteur. Les biens du débiteur constituent donc le gage commun des créanciers. Le créancier qui dispose du droit de gage général est dit créancier « chirographaire », ce qui le distingue du créancier « privilégié », « nanti » ou « gagiste ».

C'est par la mort que le patrimoine se transmet soit par l'effet d'un testament soit par la succession légale (règles prévues dans le code civil). On dit plus couramment que l'héritier « continue » la personne du défunt en recueillant son patrimoine.

Un héritier est néanmoins libre d'accepter ou de refuser une succession, mais il ne peut pas choisir de ne recevoir que l'actif en abandonnant le passif.

Section 2 – Les personnes morales

Il s'agit de groupements de personnes qui vont mettre en commun des moyens en vue d'atteindre des objectifs (lucratif ou non). En théorie, c'est une technique juridique d'organisation des activités utile pour l'exercice de droits d'un groupe de personnes

En pratique, on peut distinguer deux types de personnes morales :

- **les personnes morales de droit public** constituées pour défendre les intérêts de la collectivité. (ex. : Etat, collectivités territoriales, établissements publics, entreprises publiques…) ;

- **les personnes morales de droit privé** avec but lucratif (ex. : les sociétés) ou sans but lucratif (ex. : les associations, fondations, syndicats…).

I. L'existence juridique d'une personne morale

A. Le début de la personnalité juridique d'une personne morale

Le premier acte constitutif de tout groupement (hormis l'État et les collectivités publiques) est la rédaction **des statuts.** Il s'agit en fait du contrat entre les fondateurs.

Il faut ensuite procéder à la formalité de dépôt des statuts :

- au registre du commerce et des sociétés (RCS) pour une société ;
- à la préfecture pour une association ;
- à la mairie pour un syndicat.

Cette formalité est essentielle car la personnalité juridique ne sera reconnue à la personne morale qu'après cette immatriculation.

B. La fin de la personnalité juridique d'une personne morale

La disparition de la personne morale résulte de sa dissolution décidée par ses membres voire par la justice (ex. : en cas de liquidation judiciaire).

Elle ne devient néanmoins officielle qu'après la publicité imposée par la loi.

II. L'identification juridique d'une personne morale

Comme pour les personnes physiques, afin de faciliter leur vie juridique, les personnes morales sont soumises à certaines règles en matière d'identification notamment en matière de « nom », « domicile » et « nationalité ».

A. Le « nom » d'une personne morale

Il est essentiel car c'est par lui qu'elle peut s'individualiser aux yeux du public.

La société est ainsi identifiée par **une dénomination sociale** tandis que l'association par **un titre.**

Ce nom, choisi librement par les fondateurs, doit être indiqué dans les statuts et surtout éviter toute confusion avec le nom d'une autre personne. Il est donc fortement conseillé de protéger son nom en le déposant à l'Institut national de la propriété industrielle (INPI).

B. Le « domicile » d'une personne morale

Il est plus couramment appelé **« siège »** (« siège social » pour les sociétés) ; il est unique et doit être précisé dans les statuts.

Il est possible de changer de siège à condition d'effectuer la modification dans les statuts et d'en informer les tiers par voie d'annonce légale.

Comme pour les personnes physiques, il est essentiel au niveau administratif comme au niveau juridictionnel.

C. La « nationalité » d'une personne morale

La nationalité est définie par **le lieu du siège social**. Ainsi, sont françaises toutes les organisations comme les sociétés ou associations établies en France.

La nationalité permet de déterminer les lois qui leur sont applicables, tant en France qu'au niveau européen.

III. La capacité juridique d'une personne morale

Une personne morale dispose de la capacité juridique à compter de son immatriculation au registre du commerce et des sociétés (RCS) pour les sociétés, de la déclaration à la préfecture pour les associations et de la déclaration en mairie pour un syndicat.

Ainsi, à partir de ces dates, une société pourra alors par exemple conclure des contrats, agir en justice et posséder un patrimoine. Cependant, cette capacité obéit à un double principe.

A. Le principe de spécialité

Une personne morale est toujours créée dans un but particulier. Son activité est ainsi **limitée à son objet social** qui représente l'ensemble des activités qu'elle peut exercer et qui sont inscrites dans ses statuts. Par conséquent, une personne morale doit impérativement limiter ses opérations à celles comprises dans son objet social.

B. Le principe de représentation

Une personne morale n'existe pas physiquement (ce n'est juste qu'une fiction juridique). Elle va agir par l'intermédiaire des organes qui ont qualité pour la diriger et agir en son nom. Par exemple, dans les SARL, on parle par exemple **du gérant** tandis que dans les SA, il s'agit **du président.**

IV. Le patrimoine d'une personne morale

Etant donné qu'elle possède la personnalité juridique, une personne morale peut disposer d'un patrimoine propre.

Ainsi, l'un des intérêts de la création d'une société est de pouvoir séparer les patrimoines personnels des associés ou actionnaires du patrimoine professionnel de la société.

Par conséquent, en cas de faillite de la société, seuls les biens professionnels pourront être saisis.

Pour une association ou une société, on utilise **le bilan** pour faire une photographie de son patrimoine à un instant «t».

Enfin, comme pour les personnes physiques, le patrimoine d'une personne morale est en principe transmissible par la vente de parts sociales ou d'actions.

<u>Exercice d'application n°1</u>

<u>Travail à faire</u> :

1/ Dans chacun des cas suivants, précisez la division et la branche du droit dont il est question ainsi que le tribunal compétent. Justifiez votre réponse.

- Les heures supplémentaires de Karim ne sont plus payées depuis bientôt un an.

- La société IXE envisage de poursuivre en justice son fournisseur suite à un litige sur une livraison.

- Joe a été victime d'un délit d'abus de faiblesse de la part de l'entreprise YGREC.

- La société ZEDE souhaite contester le montant d'impôt sur les sociétés qu'elle doit verser pour cette année.

- Olivier souhaite annuler l'achat de sa voiture sur le bon coin pour un prix de 8500 euros suite à la découverte d'un trafic de compteur.

2/ Pour le dernier cas, si une action en justice est intentée, précisez l'objet de la preuve, rappelez qui aura la charge de la preuve et présentez les moyens de preuve qui pourront être utilisés.

PARTIE 2
DROIT DES OBLIGATIONS

Chapitre 1 – Le droit des contrats

Selon l'article 1101 du Code civil, *«Le contrat est un accord de volontés entre deux ou plusieurs personnes destiné à créer, modifier, transmettre ou éteindre des obligations. »*

Un contrat va donc être générateur de droits et d'obligations.

En pratique, c'est surtout un outil juridique indispensable à la sécurité des échanges (notamment dans les relations professionnelles).

<u>Section 1</u> – Les principes fondateurs du droit des contrats

Il est possible de distinguer quatre grands principes fondateurs du droit des contrats.

I. Le principe de la liberté contractuelle

Selon l'article 1102 du Code civil, *« Chacun est libre de contracter ou de ne pas contracter, de choisir son cocontractant et de déterminer le contenu et la forme du contrat dans les limites fixées par la loi. »*

La liberté contractuelle découle en fait du **principe de l'autonomie de la volonté des parties** qui veut que chaque individu est en principe libre :

- **de contracter ou non** (sauf pour certains contrats obligatoires prévus par la loi tels que le contrat d'assurance automobile) ;

- **de choisir son cocontractant** (sauf cas exceptionnels comme en matière de travail où la loi impose à l'employeur l'embauche de salariés handicapés à partir d'un certain seuil selon le principe de la discrimination positive) ;

- **de choisir le contenu du contrat** (sauf le cas des contrats d'adhésion tels que les contrats d'assurance ou CDD «types » et les situations dans lesquelles l'écrit est imposé par la loi comme en matière de vente immobilière).

II. Le principe du consensualisme

En principe, le consentement des parties suffit à lui seul pour que le contrat soit valable et ainsi créer des obligations. On parle ainsi de **contrats consensuels.**

Cependant, il existe quelques cas exceptionnels pour lesquels l'écrit est obligatoire pour que le contrat soit considéré comme valable. On parle alors de **contrats solennels**.

En pratique, on peut néanmoins noter qu'un écrit est quasiment toujours réalisé afin de faciliter la preuve du contrat.

III. Le principe de la force obligatoire

Selon l'article 1103 du Code civil, *« Les contrats légalement formés tiennent lieu de loi à ceux qui les ont faits. »*

Cela veut dire qu'à partir du moment où le contrat est régulièrement formé, les parties sont tenues de le respecter et ne peuvent le modifier unilatéralement.

Le législateur prévoit néanmoins quelques exceptions à ce principe. Ainsi, un contrat peut être modifié :

- **en cas de clauses abusives** (dans ce cas, il est alors possible d'écarter la clause mais le reste du contrat reste valable) ;

- **en cas de consentement mutuel des parties** (accord à l'amiable des parties) ;

- **si la loi le prévoit** (comme c'est le cas dans la vente à distance avec le délai de rétractation de 14 jours offert au consommateur).

IV. Le principe de l'effet relatif

Selon l'article 1199 du Code civil, *« Le contrat ne crée d'obligations qu'entre les parties. Les tiers ne peuvent ni demander l'exécution du contrat ni se voir contraints de l'exécuter. »*

Cela veut dire qu'un contrat ne peut créer ni de droits ni d'obligations à l'égard des tiers.

Là encore, il existe quelques exceptions. Ainsi :

- **un contrat peut parfois créer une charge pour autrui** (cela peut être le cas en matière de testament lorsque le passif du défunt est plus important que son actif) ;

- **un contrat peut parfois profiter à autrui** (c'est le cas en matière de contrat d'assurance-vie).

Section 2 – La classification des contrats

Le code civil prévoit plusieurs catégories de contrats.

I. Les contrats unilatéraux / Les contrats synallagmatiques

Selon l'article 1106 du Code civil, *« Le contrat est* ***synallagmatique*** *lorsque les contractants s'obligent réciproquement les uns envers les autres. Il est* ***unilatéral*** *lorsqu'une ou plusieurs personnes s'obligent envers une ou plusieurs autres sans qu'il y ait d'engagement réciproque de celles-ci. »*

II. Les contrats à titre onéreux / Les contrats à titre gratuit

Selon l'article 1107 du Code civil, *« Le contrat est* ***à titre onéreux*** *lorsque chacune des parties reçoit de l'autre un avantage en contrepartie de celui qu'elle procure. Il est* ***à titre gratuit*** *lorsque l'une des parties procure à l'autre un avantage sans attendre ni recevoir de contrepartie. »*

III. Les contrats commutatifs / Les contrats aléatoires

Selon l'article 1108 du Code civil, *« Le contrat est* ***commutatif*** *lorsque chacune des parties s'engage à procurer à l'autre un avantage qui est regardé comme l'équivalent de celui qu'elle reçoit. Il est* ***aléatoire*** *lorsque les parties acceptent de faire dépendre les effets du contrat, quant aux avantages et aux pertes qui en résulteront, d'un événement incertain. »*

IV. Les contrats consensuels / Les contrats solennels / Les contrats réels

Selon l'article 1109 du Code civil, *« Le contrat est* ***consensuel*** *lorsqu'il se forme par le seul échange des consentements quel qu'en soit le mode d'expression. Le contrat est* ***solennel*** *lorsque sa validité est subordonnée à des formes déterminées par la loi. Le contrat est* ***réel*** *lorsque sa formation est subordonnée à la remise d'une chose. »*

V. Les contrats de gré à gré / Les contrats d'adhésion

Selon l'article 1110 du Code civil, *« Le contrat* ***de gré à gré*** *est celui dont les stipulations sont librement négociées entre les parties. Le contrat* ***d'adhésion*** *est celui dont les conditions générales, soustraites à la négociation, sont déterminées à l'avance par l'une des parties. »*

VI. Les contrats « cadre » / Les contrats « d'application »

Selon l'article 1111 du Code civil, *« Le contrat* ***cadre*** *est un accord par lequel les parties conviennent des caractéristiques générales de leurs relations contractuelles futures. Des contrats* ***d'application*** *en précisent les modalités d'exécution. »*

VII. Les contrats à exécution instantanée / Les contrats à exécution successive

Selon l'article 1111-1 du Code civil, *« Le contrat* ***à exécution instantanée*** *est celui dont les obligations peuvent s'exécuter en une prestation unique. Le contrat* ***à exécution successive*** *est celui dont les obligations d'au moins une partie s'exécutent en plusieurs prestations échelonnées dans le temps. »*

Section 3 – La négociation du contrat

Les parties peuvent négocier elles-mêmes le contrat ou se faire représenter. Dans ce dernier cas, on parle de **mandat** qui est une convention par laquelle une personne (le mandataire) est autorisée à agir au nom et pour le compte d'une autre personne (le mandant) auprès des tiers.

En pratique, trois grandes phases peuvent être distinguées dans le processus de négociation.

I. Les pourparlers

Il s'agit de la manifestation d'un intérêt portant sur la mise en place d'une négociation avant la conclusion du contrat. Lors des pourparlers, les parties doivent avoir un comportement loyal et ont toute liberté pour se procurer des informations voire négocier le même projet avec un tiers.

En principe, chaque partie est libre de rompre à tout moment les pourparlers. Cependant, si l'une des parties a un comportement déloyal au moment de la rupture, cette dernière peut alors être qualifiée d'abusive.

Dans ce cas, en vertu de l'article 1240 du Code civil, la partie victime peut engager **la responsabilité civile délictuelle du fautif** pour obtenir des dommages et intérêts.

II. L'offre

Il s'agit de la manifestation de volonté par laquelle une personne propose de manière **ferme et précise** à une autre la conclusion d'un contrat. En pratique, elle peut être **expresse** (par écrit ou par la parole) **ou tacite** (déduite d'un comportement non équivoque).

En principe, l'offre peut être librement rétractée tant qu'elle n'est pas parvenue à son destinataire.

Si l'offre est assortie d'un délai d'acceptation, elle doit être maintenue jusqu'à l'expiration du délai. Par contre, si l'offre n'est pas assortie d'un délai, elle doit alors être maintenue pendant un « délai raisonnable ».

En effet, une indemnisation peut être demandée si le délai n'est pas respecté en engageant **la responsabilité civile délictuelle du fautif** comme le prévoit l'article 1116 du Code civil.

Enfin, l'offre est caduque à l'expiration du délai fixé par son auteur ou, à défaut, à l'issue d'un délai raisonnable. Elle l'est également en cas d'incapacité ou de décès de son auteur.

III. Les avant-contrats

Avant la conclusion du contrat, des « avant-contrats » peuvent être conclus. En pratique, on peut en distinguer trois types.

A. Le pacte de préférence

Il s'agit d'un contrat par lequel une personne s'engage envers une autre à ne pas conclure avec des tiers un contrat avant de lui en avoir proposé la conclusion aux mêmes conditions.

Il n'oblige pas à la conclusion du contrat mais restreint seulement le choix du contractant.

En cas de non-respect, deux cas sont à distinguer en fonction de l'attitude du nouveau bénéficiaire :

- ***s'il était de mauvaise foi,*** le nouveau bénéficiaire peut être écarté du contrat au profit du signataire du pacte ;

- ***s'il était de bonne foi***, le nouveau bénéficiaire ne peut être écarté mais le signataire du pacte peut demander une indemnisation.

B. La promesse unilatérale de contracter

Il s'agit d'une convention par laquelle l'une des parties promet à une autre, pendant un certain délai, la conclusion d'un contrat. Par conséquent, une seule partie s'engage, l'autre a le choix.

La jurisprudence énonce que la rétractation anticipée d'une promesse unilatérale ne peut entraîner que le versement de dommages et intérêts. En effet, la réalisation forcée du contrat ne pourra être ordonnée.

C. La promesse synallagmatique de contracter

Il s'agit d'une convention par laquelle les deux parties se promettent réciproquement de conclure un contrat.

En pratique, ce dispositif est utilisé avant le contrat définitif quand certaines conditions ne sont pas encore réunies mais que l'on souhaite sécuriser la transaction. C'est notamment **le cas du compromis de vente** dans lequel on insère une condition suspensive (comme par exemple l'obtention d'un prêt).

Ainsi, si la condition suspensive se réalise, la promesse de vente vaut vente.

Il est donc possible en cas de non-respect soit de demander l'exécution forcée soit de demander une indemnisation (souvent prévue au préalable par une clause de la promesse dite « clause pénale »).

Section 4 – La formation du contrat

Le contrat produit des liens juridiques entre les parties sous réserve de respecter certaines conditions. Si ce n'est pas le cas, le contrat encourt la nullité. Les parties peuvent néanmoins toujours aménager leur relation contractuelle par l'intermédiaire de clauses.

I. Les conditions de validité du contrat

Selon l'article 1128 du code civil, trois conditions *« Sont nécessaires à la validité d'un contrat :*

1° Le consentement des parties ;

2° Leur capacité de contracter ;

3° Un contenu licite et certain ».

A. Le consentement des parties

En matière contractuelle, le consentement est souvent la condition nécessaire et suffisante à la formation du contrat. De nombreux contrats sont ainsi dits « **consensuels** » c'est-à-dire sans exigence d'une formalité particulière.

Dans tous les cas, pour que le contrat soit valable, le consentement des parties doit exister et ne pas être vicié.

1. L'existence du consentement

Le consentement existe quand une offre rencontre une acceptation.

- **L'offre**

C'est une déclaration de volonté (expresse ou tacite) par laquelle une partie manifeste son intention de se tenir liée si l'autre accepte sa proposition. Si elle est ferme et précise, elle engage la partie qui la propose. Une indemnisation peut donc être demandée si elle n'est pas respectée.

- **L'acceptation**

C'est l'accord (exprès ou tacite) du destinataire de l'offre. En principe, le silence ne vaut pas acceptation (sauf pour les cas de « tacite reconduction »). Si le destinataire de l'offre y répond en demandant une modification de ses conditions, il émet à son tour une offre (« contre-offre ») qui si elle est acceptée permet de former le contrat. Une offre acceptée non respectée peut aussi déboucher sur indemnisation.

2. Les vices du consentement

Selon l'article 1130 du code civil, *«L'erreur, le dol et la violence vicient le consentement lorsqu'ils sont de telle nature que, sans eux, l'une des parties n'aurait pas contracté ou aurait contracté à des conditions substantiellement différentes (...) ».*

- **L'erreur (articles 1132 à 1134 du code civil)**

Il s'agit d'une croyance fausse sur un ou plusieurs éléments du contrat.

Cependant, pour être vice du consentement, l'erreur doit porter **sur la nature ou l'objet du contrat, les qualités substantielles de la chose** (c'est-à-dire les qualités essentielles) **ou la personne cocontractante** (quand le contrat est conclu « intuitu personae » c'est-à-dire en fonction de la personnalité du cocontractant) et surtout **être déterminante du consentement.**

Si c'est le cas, une demande d'annulation du contrat en justice est possible à condition que **l'erreur ne soit pas inexcusable**. En effet, les tribunaux écartent l'erreur que ne commettrait pas un contractant « normal » tout comme **l'erreur sur le prix** (sauf cas exceptionnel en matière de vente immobilière). Dans ce dernier cas, on parle alors **de lésion** pouvant déboucher sur une action en rescision du prix c'est-à-dire en réduction du prix (et non en annulation du contrat).

- **Le dol (article 1137 du code civil)**

Il s'agit d'une erreur provoquée par des manœuvres frauduleuses comme des mensonges, des artifices, voire même le silence (dol par réticence) pour tromper l'autre partie et la pousser à contracter (déterminante du consentement).

Il ne faut pas confondre l'erreur et le dol car ce dernier, contrairement à l'erreur, peut entraîner la nullité du contrat dans des cas où il a engendré une erreur, qui par elle-même, ne permettrait pas l'annulation comme l'erreur sur la valeur ou le prix d'une chose.

Le dol implique néanmoins la preuve non seulement **d'un élément matériel** (la tromperie) mais aussi **d'un élément psychologique** (l'intention de tromper). En effet, si l'intention d'induire en erreur une personne n'est pas prouvée, le contrat ne pourra être annulé.

Par ailleurs, le dol doit avoir été **déterminant dans le consentement des parties** c'est-à-dire qu'il faut que les manœuvres soient telles que sans elles, la victime n'aurait pas contracté.

- **La violence (articles 1140 à 1143 du code civil)**

Il s'agit de menaces (physiques, psychologique ou pécuniaires) destinées à provoquer chez le cocontractant un sentiment de crainte l'amenant à contracter. Les menaces peuvent viser le cocontractant, ses proches voire ses biens.

Pour être vice du consentement, la violence doit être d'une certaine gravité et déterminante du consentement. Dans ce cas, elle peut alors entraîner l'annulation du contrat.

B. La capacité juridique des parties

Selon l'article 1145 du Code civil, *« Toute personne physique peut contracter sauf en cas d'incapacité prévue par la loi. »*

Le principe est donc la capacité et l'incapacité est l'exception. Ainsi, la loi ne reconnaît pas à l'incapable la faculté de passer valablement un contrat.

L'article 1146 du Code civil précise ainsi que *« Les mineurs non émancipés et les majeurs protégés au sens de l'article 425 du Code civil* (majeurs placés sous tutelle ou curatelle par exemple) *sont incapables de contracter. »*

C. Un contenu licite et certain

1. <u>Un contenu licite</u>

Comme le dispose l'article 6 du code civil, *« on ne peut déroger, par des conventions particulières, aux lois qui intéressent l'ordre public et les bonnes mœurs. »*

La notion **« de bonnes mœurs »** est fondée sur des comportements conformes à la morale tandis que celle **« d'ordre public »** est plus définie par rapport à la loi et l'autorité publique. Plus généralement, il n'y a que les choses commercialisables qui puissent faire l'objet de conventions.

2. Un contenu certain

Selon l'article 1163 du code civil, l'obligation contractuelle doit avoir pour objet *« une prestation présente ou future. Celle-ci doit être possible et déterminée ou déterminable. La prestation est déterminable lorsqu'elle peut être déduite du contrat ou par référence aux usages ou aux relations antérieures des parties, sans qu'un nouvel accord des parties soit nécessaire. »*

Par ailleurs l'article 1166 du code civil précise que : *« Lorsque la qualité de la prestation n'est pas déterminée ou déterminable en vertu du contrat, le débiteur doit offrir une prestation de qualité conforme aux attentes légitimes des parties en considération de sa nature, des usages et du montant de la contrepartie. »*

Par conséquent, l'objet du contrat peut être **présent ou futur** dans la mesure où la prestation qu'il implique soit déterminée ou déterminable.

II. La sanction du non-respect des conditions de validité du contrat : la nullité

Si un contrat ne respecte pas l'une de ces trois conditions de validité, il encourt la nullité. A ce niveau, l'article 1179 du code civil fait une distinction en affirmant que : *« La nullité est absolue lorsque la règle violée a pour objet la sauvegarde de l'intérêt général. Elle est relative lorsque la règle violée a pour seul objet la sauvegarde d'un intérêt privé. »*

Dans les deux cas, **le contrat est anéanti de manière rétroactive** c'est-à-dire que les choses devront être remises en leur état initial et que le contrat est donc censé n'avoir jamais existé.

Tableau récapitulatif

Type de nullité	Nullité absolue	Nullité relative
But	Protéger la société tout entière	Protéger la victime
Cas	- Existence du consentement - Contenu incertain ou illicite	- Vices du consentement - Incapacité
Personnes pouvant agir en justice	Toute personne intéressée	La victime ou son représentant
Délai de prescription	5 ans à compter de la conclusion du contrat (depuis 2008)	5 ans à compter de la conclusion du contrat ou de la découverte du vice

III. Les aménagements contractuels : les clauses contractuelles

Une réflexion préalable à la rédaction du contrat est indispensable afin d'en mesurer les conséquences. C'est pourquoi les parties (notamment les professionnels) peuvent chercher à anticiper certains risques en insérant dans celui-ci des clauses particulières. En pratique, elles peuvent avoir plusieurs finalités.

A. Les clauses visant à sécuriser paiement

C'est notamment le cas de **la clause de réserve de propriété** dans un contrat de vente qui n'est autre qu'une clause par laquelle le vendeur conserve la propriété du bien vendu jusqu'au complet paiement du prix prévu, même s'il a déjà transféré la chose.

B. Les clauses prévoyant les conditions de sortie des liens contractuels

On peut distinguer à ce sujet **la clause de dédit** qui permet aux parties de se désengager en étant souvent assortie du paiement d'une indemnité telle que des arrhes et **la clause pénale** qui prévoit dans le contrat qu'un contractant s'engage, en cas d'inexécution de son obligation principale ou en cas de retard dans l'exécution, à verser à l'autre une somme forfaitaire à titre de dommages et intérêts. Il est possible aussi d'insérer **une clause de résiliation** qui permet à l'une des parties de rompre le contrat si l'autre ne respecte pas ses obligations.

C. Les clauses prévoyant l'évolution de l'environnement du contrat

C'est notamment le cas de **la clause d'indexation** qui autorise le contractant à faire varier le montant du prix en fonction d'un indice qui se rattache à l'activité de l'une des parties au contrat comme l'évolution du cours du pétrole ou de l'indice des prix.

D. Les clauses visant à régler un litige

On peut distinguer ici **la clause limitative de responsabilité** qui consiste à limiter le champ d'application de la responsabilité contractuelle ; **la clause compromissoire** qui permet de désigner par avance le nom d'un tiers arbitre en cas de litige et **la clause d'attribution de juridiction** qui permet de fixer par avance le lieu du tribunal compétent en cas de litige.

Bien d'autres clauses peuvent être insérées dans les contrats, mais dans tous les cas, **doivent être réputées nulles et non écrites**, toutes les clauses contractuelles qui ont pour effet :

- d'exonérer la responsabilité de l'une des parties **en cas de manquement à l'une de ses obligations essentielles ;**

- ou de créer un déséquilibre significatif entre les deux parties (on parle alors de « **clauses abusives** » dans les contrats de consommation entre un vendeur professionnel et un consommateur particulier).

Dans ces deux cas, il est possible de saisir la justice pour faire annuler la clause. Le contrat ne sera néanmoins pas annulé. Seule la clause nulle disparaît du contrat, le reste du contrat continue d'être appliqué.

Section 5 – L'exécution du contrat

A partir du moment où un contrat est valablement formé, des conséquences en découlent telles que **la force obligatoire** ou **la nécessaire bonne foi des parties**. En cas d'inexécution ou de mauvaise exécution, le Code civil offre différentes possibilités. Il existe même des règles particulières en matière de contrat synallagmatique.

I. Les possibilités « classiques » en cas d'inexécution du contrat

A. La mise en demeure

Il s'agit d'un acte par lequel le créancier donne injonction à son débiteur d'exécuter son obligation. Elle peut se faire de manière orale mais l'idéal est de la faire par lettre recommandée avec accusé de réception ou par exploit d'huissier.

Selon l'article 1231 du code civil, *« A moins que l'inexécution soit définitive, les dommages et intérêts ne sont dus que si le débiteur a préalablement été mis en demeure de s'exécuter dans un délai raisonnable. »*

La mise en demeure constitue donc une étape préalable avant une éventuelle action judiciaire en réparation.

B. L'exécution forcée en nature

Après une mise en demeure infructueuse, il est possible de saisir le juge afin qu'il ordonne l'exécution forcée de l'obligation :

- ***pour les obligations de donner*** : le juge peut ordonner **la saisie du bien** en question pour forcer l'exécution de l'obligation ;

- ***pour les obligations de faire*** : le juge peut utiliser **la technique de l'astreinte** (paiement d'un intérêt par jour de retard dans l'exécution) ou dans certains cas **celle du remplacement** (faire faire par quelqu'un d'autre aux frais du débiteur) ;

- ***pour les obligations de ne pas faire*** : le juge peut parfois ordonner tout simplement **la destruction** d'un bien par exemple.

C. La réparation par équivalente : la responsabilité civile contractuelle

En vertu de l'article 1231-1 du code civil, *« Le débiteur est condamné, s'il y a lieu, au paiement de dommages et intérêts soit à raison de l'inexécution de l'obligation, soit à raison du retard dans l'exécution, s'il ne justifie pas que l'exécution a été empêchée par la force majeure. »*

Il s'agit en fait du fondement de la responsabilité civile contractuelle.

1. <u>Les conditions de mise en œuvre</u>

Le créancier souhaitant engager la responsabilité civile contractuelle de son débiteur doit prouver quatre éléments.

- **L'existence d'un contrat**

Il peut s'agir **d'un acte authentique** (passé devant un officier d'état public comme un notaire), **d'un acte sous seing privé** (passé entre les parties à l'acte) voire **d'un simple contrat oral.**

L'acte authentique ou sous seing privé peut très bien être rédigé sous forme électronique.

- **L'existence d'une obligation contractuelle violée**

On parle aussi de **« fait générateur »** c'est-à-dire de fait à l'origine du litige. A ce stade, il convient ici de faire une distinction entre **les obligations de résultat** pour lesquelles le débiteur s'est engagé à fournir un résultat au créancier (il suffit juste alors au créancier de prouver que ce résultat n'a pas été atteint car la faute est présumée) et **les obligations de moyens** pour lesquelles le débiteur s'est engagé à mettre en œuvre tous les moyens pour atteindre le résultat (le créancier doit alors prouver la négligence ou l'imprudence du débiteur car dans ce cas, la faute n'est pas présumée mais doit être prouvée).

- **L'existence d'un dommage**

Il s'agit de prouver un préjudice qui peut être **matériel** (atteinte au patrimoine), **moral** (atteinte à l'intégrité morale) **ou corporel** (atteinte à l'intégrité physique).

Pour être réparable, le préjudice doit néanmoins être **direct** (subi personnellement par la victime même si la jurisprudence accepte aussi le principe du préjudice « par ricochet » pour les proches de la victime), **actuel** (un simple préjudice éventuel ne pourra pas être indemnisé, il doit au moins existir au moment de la demande en réparation) **et certain** (le préjudice doit être sûr même si la jurisprudence accepte parfois « la perte d'une chance » qui consiste en la disparition actuelle et certaine d'une éventualité favorable voire « le préjudice futur » qui peut aussi être pris en compte s'il résulte de la prolongation certaine et directe d'un état de choses actuelles).

- **Un lien de causalité entre l'obligation contractuelle violée et le dommage**

Il s'agit de prouver ici le lien de cause à effet entre l'obligation contractuelle violée et le dommage c'est-à-dire de prouver que si l'obligation contractuelle n'avait pas été violée, jamais il n'y aurait eu de dommage. Cela rejoint l'idée du dommage qui doit être direct pour être réparable.

2. <u>Les causes d'exonération</u>

Dans trois cas, il est possible de s'exonérer de sa responsabilité.

- **La force majeure**

Il s'agit d'un événement exceptionnel qui doit être **imprévisible** (obstacle qui échappe à toutes les prévisions), **irrésistible** (obstacle contre lequel on ne peut lutter) **et extérieur aux parties** tels des événements naturels (tremblement de terre, inondation, foudre…) ou sociaux (grèves, émeutes…).

- **Le fait d'un tiers**

Il s'agit de l'agissement d'une personne autre que l'auteur ou la victime du dommage qui est en fait le vrai responsable. Pour être une condition d'exonération totale, l'auteur du dommage doit néanmoins démontrer comme pour la force majeure que l'intervention du tiers était extérieure aux parties, imprévisible et irrésistible.

- **La faute de la victime**

La victime ne peut se plaindre si c'est par son propre fait que le contrat n'est pas exécuté. Si la faute de la victime constitue la cause exclusive du dommage, il y aura même exonération totale du débiteur. Par contre, si le débiteur a lui aussi commis une faute, on ira vers un partage de responsabilité et donc une exonération partielle.

II. Les spécificités en cas de contrat synallagmatique

Le contrat est synallagmatique ou bilatéral lorsque les contractants s'obligent réciproquement les uns envers les autres.

Il s'agit donc d'un contrat avec des obligations pour les deux parties comme dans un contrat de vente où le vendeur doit transférer la propriété du bien à l'acheteur qui lui doit payer le prix de vente.

Dans ce cas, on peut distinguer trois autres techniques particulières en cas d'inexécution.

A. Le droit de rétention

Il s'agit du droit pour le créancier qui a en sa possession un bien appartenant au débiteur de refuser de s'en dessaisir tant qu'il n'est pas payé. C'est notamment le cas en matière de contrat de transport où le transporteur est autorisé à conserver la marchandise si on refuse de le payer.

B. L'exception d'inexécution

Il s'agit d'un moyen de défense pour l'une des parties contractantes qui consiste à ne pas exécuter son obligation tant que l'autre contractant n'a pas effectué sa prestation. C'est notamment le cas en matière de contrat de vente quand l'acheteur n'a toujours pas payé le prix, le vendeur est autorisé alors à ne pas délivrer le bien.

C. La résolution ou la résiliation

Quand l'inexécution du contrat est particulièrement grave, le créancier peut demander :

- soit **la résolution** (pour les contrats à exécution instantanée) : le contrat est alors anéanti rétroactivement, on remet les parties dans l'état antérieur à la conclusion du contrat.

- soit **la résiliation** (pour les contrats à exécution successive) : le contrat est alors anéanti uniquement pour l'avenir. Les effets passés du contrat demeurent en raison de l'impossibilité de remettre les choses dans leur état initial.

Tous les contrats sont censés contenir une clause résolutoire ou de résiliation. Si ce n'est pas le cas, il faudra demander en justice la résolution ou la résiliation (en même temps qu'une indemnisation éventuelle).

Chapitre 2 – Le droit de la responsabilité civile délictuelle et quasi-délictuelle

La responsabilité civile délictuelle et quasi-délictuelle repose non plus sur l'inexécution d'un acte juridique mais sur la survenance d'un fait juridique volontaire ou non.

En pratique, on peut distinguer trois grands cas classiques pour lesquels des conditions doivent être réunis même si des causes d'exonération sont toujours possibles.

Des cas particuliers de responsabilité ont aussi vu le jour ces dernières années.

Section 1 – Les cas classiques de responsabilité

I. La responsabilité du fait personnel

En l'espèce, le Code civil introduit une graduation dans la faute mais l'auteur des faits sera déclaré tout de même responsable que le fait soit :

- **volontaire**

On parle alors de **« responsabilité civile délictuelle »**.

Ainsi, selon l'article 1240 du code civil : *« Tout fait quelconque de l'homme, qui cause à autrui un dommage, oblige celui par la faute duquel il est arrivé, à le réparer. »*

- **ou involontaire**

On parle alors de **« responsabilité civile quasi délictuelle »**.

Ainsi, selon l'article 1241 du code civil : *« Chacun est responsable du dommage qu'il a causé non seulement par son fait, mais encore par sa négligence ou par son imprudence. »*

II. La responsabilité du fait d'autrui

Si chacun est responsable de son fait personnel, la responsabilité peut aussi aller au-delà.

En effet, l'article 1242 du Code civil affirme que l'on est également responsable du dommage *« causé par le fait des personnes dont on doit répondre »*.

Le même article donne ainsi plusieurs exemples :

- ***le père et la mère,*** en tant qu'ils exercent l'autorité parentale, sont solidairement responsables du dommage causé par leurs enfants mineurs habitant avec eux ;

- ***les maîtres et les commettants***, du dommage causé par leurs domestiques et préposés dans les fonctions auxquelles ils les ont employés ;

- ***les instituteurs et les artisans***, du dommage causé par leurs élèves et apprentis pendant le temps qu'ils sont sous leur surveillance.

III. La responsabilité du fait des choses dont on a la garde

L'article 1242 du code civil stipule aussi que l'on est responsable *« des choses que l'on a sous sa garde »*.

En pratique, la « chose » est entendue au sens large. Ainsi, la responsabilité du fait des choses concerne aussi bien **les animaux** (article 1243 du code civil) que **les bâtiments** (article 1243 du code civil).

Dès qu'une chose cause un dommage, le propriétaire de la chose est présumé être responsable. Sa seule possibilité est de prouver :

- qu'il n'était pas le gardien mais qu'une autre personne l'était au moment du dommage ;
- et qu'il n'avait ni l'usage, ni la direction, ni le contrôle de la chose.

Section 2 – Les conditions de mise en œuvre de la responsabilité

Trois conditions sont nécessaires pour pouvoir mettre en œuvre la responsabilité civile délictuelle et quasi-délictuelle.

I. Un fait générateur

Il peut s'agir :

- **d'un fait personnel** (volontaire ou non) ;
- **du fait d'autrui ;**
- **du fait de choses dont on a la garde.**

Dans les deux derniers cas, il s'agit de cas de **responsabilité de plein droit** c'est-à-dire sans faute. Si l'on prend par exemple, la responsabilité de l'employeur du fait de son salarié, l'éventuel demandeur sera dispensé de rapporter la preuve de la faute de l'employeur à partir du moment où son salarié a agi dans le cadre de ses fonctions et pendant son temps de travail.

II. Un dommage

Il peut s'agir d'un dommage :

- **corporel** (c'est-à-dire d'une atteinte à l'intégrité physique d'une personne à la suite d'une maladie ou d'une blessure par exemple) ;

- **matériel** (c'est-à-dire d'une atteinte au patrimoine d'une personne à la suite d'une dégradation d'un bien ou de la perte de chiffre d'affaires d'un commerçant par exemple) ;

- **moral** (c'est-à-dire d'une atteinte à l'intégrité morale d'une personne en touchant à sa vie privée, son image ou ses sentiments par exemple).

Comme en matière de responsabilité civile contractuelle, pour être réparable, le préjudice doit être **direct, actuel et certain.**

III. Un lien de causalité entre le fait générateur et le dommage

La responsabilité civile délictuelle ou quasi-délictuelle suppose que le dommage résulte directement du fait générateur. Le fait générateur doit avoir provoqué le dommage. Cela fait référence au caractère direct du préjudice.

<u>Section 3</u> – Les causes d'exonération de la responsabilité

Comme en matière de responsabilité civile contractuelle, l'auteur responsable d'un dommage peut s'exonérer de sa responsabilité en totalité ou en partie. Il peut effectivement utiliser les trois mêmes causes d'exonération.

I. La force majeure

Il s'agit d'un événement exceptionnel qui doit être imprévisible, irrésistible et extérieur aux parties telle une catastrophe naturelle par exemple.

II. Le fait d'un tiers

Il s'agit de l'agissement d'une personne autre que l'auteur ou la victime du dommage qui est en fait le vrai responsable.

Pour être une condition d'exonération totale, il faut pouvoir démontrer comme pour la force majeure que l'intervention du tiers était extérieure aux parties, imprévisible et irrésistible.

III. La faute de la victime

Cette dernière est en fait responsable du dommage qu'elle a subi. Pour écarter totalement la responsabilité de l'auteur du dommage, la faute de la victime doit aussi présenter les caractères de la force majeure. Dans le cas contraire, elle peut tout de même réduire en partie sa responsabilité (partage de faute).

Section 4 – Les cas particuliers de responsabilité

Il est possible d'en distinguer deux principaux.

I. La responsabilité du fait d'accident de la circulation

Il s'agit de **la loi du 5 juillet 1985** qui crée un régime spécifique dans le but d'améliorer l'indemnisation des victimes. Ce régime est plus protecteur que la responsabilité civile classique car il suffit juste que soit impliqué un véhicule terrestre à moteur dans un accident de la circulation pour engager la responsabilité.

Cette loi offre peu de chance aux conducteurs d'échapper à leur responsabilité. La seule exception est **l'existence d'une faute inexcusable de la victime** qui serait ainsi la cause exclusive de l'accident c'est-à-dire d'une faute volontaire d'une exceptionnelle gravité exposant son auteur à un danger dont il aurait dû avoir conscience.

La Cour de cassation rappelle néanmoins qu'un mineur de moins de 16 ans, en raison de l'âge à la date de l'accident, dispose d'un droit à la réparation intégrale, qu'aucune faute personnelle, même inexcusable, ne peut réduire.

II. La responsabilité du fait de produits défectueux

Il s'agit de **la loi du 19 mai 1998** (transposant une directive européenne de 1985) qui instaure un régime spécifique dans le but de permettre une meilleure indemnisation des victimes de produits défectueux par l'instauration **d'une responsabilité de plein droit** du producteur c'est-à-dire d'une responsabilité sans faute.

Ce sont les articles 1245 et suivants du Code civil qui viennent encadrer ce régime.

Ainsi, le producteur (entendu au sens large : importateur et vendeur inclus) est responsable de tous les produits défectueux qu'il met en circulation sur le marché.

Un produit est défectueux quand il ne présente pas la sécurité à laquelle on peut légitimement s'attendre (produit anormalement dangereux).

Il suffit que le défaut existe, peu importe que le producteur ait commis ou non une faute, pour que sa responsabilité soit engagée.

Le producteur peut néanmoins tenter de s'exonérer de sa responsabilité en prouvant par exemple :

- qu'il n'avait pas mis le produit en circulation ou que le produit n'était pas destiné à la vente ;

- ou encore que le défaut n'existait pas au moment de la mise en circulation.

Par ailleurs, l'action en réparation, intentée par la victime, connaît deux délais de prescription :

- elle doit être intentée dans un délai de trois ans à compter de la date à laquelle le demandeur a eu ou aurait dû avoir connaissance du dommage, du défaut ou de l'identité du producteur ;

- la responsabilité du producteur, sauf faute de celui-ci, est éteinte dans un délai de dix ans après la mise en circulation du produit et si la victime n'a pas, pendant ce délai, engagé une action en justice.

Exercice d'application n°2

Extrait de l'arrêt de la 2ème chambre civile de la Cour de cassation du 1er avril 1999

LA COUR – (…) Sur le moyen unique :

Vu l'article 1243 du Code civil, *« Le propriétaire d'un animal, ou celui qui s'en sert, pendant qu'il est à son usage, est responsable du dommage que l'animal a causé soit que l'animal fût sous sa garde soit qu'il fût égaré ou échappé »*

Attendu, selon l'arrêt attaqué, que Lucille Gonzales, âgée de trois ans, a été mordue par un poney dans l'enceinte du poney club exploité par la société Poclas ; qu'en son nom, ses parents ont assigné en responsabilité et indemnisation de son préjudice cette société et son assureur les Mutuelles du Mans assurances devant le TGI de Versailles le 12 novembre 1994 ;

Attendu que, pour rejeter la demande en appel, l'arrêt confirmatif énonce que, l'enfant s'étant échappée pour donner, malgré les panneaux d'interdiction, de la paille à manger à un poney, les fautes commises par elle et ses parents, qui auraient dû redoubler de vigilance, ont constitué des faits imprévisibles et irrésistibles pour le gardien du poney l'exonérant de sa responsabilité ;

Qu'en statuant par de tels motifs, qui ne caractérisent pas un comportement de la victime ou de tiers présentant réellement les caractères de la force majeure, la cour d'appel n'a pas donné de base légale à sa décision au regard du texte susvisé.

Par ces motifs : CASSE ET ANNULE, dans toutes ses dispositions, l'arrêt rendu le 27 novembre 1996, entre les parties, par la Cour d'appel de Versailles ; remet, en conséquences, la cause et les parties dans l'état où elles se trouvaient avant ledit arrêt et, pour être fait droit, les renvoie devant la Cour d'appel de Paris ;

CONDAMNE les parties défenderesses aux dépens ;

Travail à faire :

1. Qualifiez juridiquement les faits.

2. Quel était le problème de droit dans cette affaire ?

3. Complétez le tableau ci-dessous concernant la procédure suivie.

	Juridictions	***Demandeur***	***Défendeur***	***Solution***
Premiers juges				
Cour d'appel				
Cour de cassation				

4. Comment la Cour de cassation a-t-elle motivé sa décision ?

5. Présentez les deux autres types de responsabilité civile délictuelle.

PARTIE 3

INSTITUTIONS PUBLIQUES FRANCAISES ET EUROPEENNES

Chapitre 1 – Les institutions publiques françaises

En France, on peut distinguer deux grands types d'institutions publiques : celles étatiques et celles locales.

Section 1 – Les institutions étatiques françaises

Elles sont prévues dans la Constitution du 4 octobre 1958 (loi fondamentale de la République française) qui a pour mission d'organiser les pouvoirs publics en définissant leurs rôles, leurs pouvoirs et leurs relations.

I. Le Président de la République (articles 5 à 19 de la Constitution de 1958)

Il est élu au suffrage universel direct (depuis 1962) pour un mandat de 5 ans (depuis 2000). C'est le premier personnage de l'Etat. Globalement, il est le garant de l'indépendance nationale, de l'intégrité du territoire, du respect des traités et de la Constitution ainsi que de l'indépendance de la justice.

A. Ses pouvoirs « propres » ou « réservés »

On peut citer par exemple le pouvoir de :

- nommer le Premier ministre et les ministres (sur proposition du Premier ministre) ;
- présider le Conseil des ministres ;
- promulguer les lois ;
- nommer les hauts fonctionnaires de l'Etat (ex. : préfets) et trois membres du Conseil constitutionnel ;
- diriger les armées ;
- saisir le conseil constitutionnel ;
- ratifier les traités internationaux…

B. Ses pouvoirs « exceptionnels »

Parmi ses pouvoirs « exceptionnels », le Président de la République possède notamment :

- le droit de recourir au referendum (article 11 de la Constitution de 1958) ;
- le droit de dissoudre l'Assemblée nationale (article 12 de la Constitution de 1958) ;
- le droit de disposer des « pleins pouvoirs » en cas de crise grave (article 16 de la Constitution de 1958) ;
- le droit de grâce (article 17 de la Constitution de 1958)…

II. Le Gouvernement (articles 20 à 23 de la Constitution de 1958)

Le Gouvernement est composé du **Premier ministre** (chef du gouvernement), **des ministres et des secrétaires d'Etat**. Il a pour mission principale de déterminer et conduire la politique de la nation.

Il dispose pour cela de **l'Administration et de ses fonctionnaires** ainsi que **du pouvoir réglementaire** (c'est-à-dire du pouvoir de prendre des décrets ou des arrêtés).

A. Les attributions du Gouvernement

1. Les attributions du Premier ministre

Parmi ses nombreuses attributions, le Premier ministre :

- propose la nomination ou la révocation des membres du gouvernement ;
- dirige l'action du gouvernement ;
- a l'initiative des lois (via les projets de loi) ;
- peut saisir le Conseil constitutionnel ;
- peut mettre en place une commission mixte paritaire en cas de blocage lors de la navette parlementaire voire demander à l'Assemblée nationale de statuer seule définitivement…

2. Les attributions du Conseil des ministres

Pour l'essentiel, le Conseil des ministres (c'est-à-dire l'ensemble des membres du gouvernement) :

- prépare les projets de loi ;
- peut demander l'autorisation au Parlement pour prendre des ordonnances ;
- peut engager une procédure accélérée pour l'adoption d'un texte de loi…

B. La responsabilité politique du Gouvernement

Le Gouvernement est collectivement responsable devant l'Assemblée nationale. Cette responsabilité peut être mise en œuvre aussi bien à l'initiative du Premier ministre lui-même que de l'Assemblée nationale de trois manières.

1. La question de confiance

Il s'agit d'une procédure qui peut être utilisée par le Gouvernement suite à sa nomination sur un problème important ou pour raffermir la cohésion de sa majorité en vertu de l'article 49 alinéa 1 de la Constitution.

Ainsi, lors de l'entrée en fonction d'un nouveau gouvernement, le Premier ministre expose traditionnellement devant les députés une déclaration de politique générale. Bien que l'engagement de responsabilité ne soit pas obligatoire, la plupart des gouvernements nouvellement nommés y ont recours.

Si le Gouvernement n'obtient pas la majorité des votes devant l'Assemblée nationale, il doit alors démissionner.

2. La motion de censure

Il s'agit d'une procédure qui permet à l'Assemblée nationale de mettre en cause la responsabilité du Gouvernement en vertu de l'article 49 alinéa 2 de la Constitution.

Pour être recevable, elle doit être signée par 1/10ème des députés et ensuite être adoptée à la majorité des membres. Si elle est adoptée, le Gouvernement doit alors démissionner.

La motion de censure est donc un moyen dont dispose l'Assemblée nationale pour montrer sa désapprobation envers la politique du gouvernement et le forcer à démissionner.

3. Le vote « en bloc »

Il s'agit d'une procédure qui permet au Gouvernement de forcer la main de sa majorité parlementaire et de couper court à la résistance de l'opposition sur le vote d'un texte « en bloc » en vertu de l'article 49 alinéa 3 de la Constitution.

Le vote classique de la loi est écarté (système de la navette parlementaire avec le va-et-vient entre l'Assemblée nationale et le Sénat). Il en découle alors deux possibilités :

- soit l'adoption du texte de loi si aucune motion de censure n'a été déposée ;

- soit le refus d'adopter le texte et la démission du gouvernement si une motion de censure est votée.

III. Le Parlement (articles 24 à 34 de la Constitution de 1958)

Le Parlement est composé de deux assemblées représentatives du peuple :

- **l'Assemblée nationale** (577 députés, élus au suffrage universel direct pour 5 ans) ;

- **le Sénat** (348 sénateurs élus au suffrage universel indirect par 150 000 « grands électeurs » pour 6 ans et renouvelables par moitié tous les 3 ans).

Son rôle majeur est de voter les lois via la « navette parlementaire ». On dit qu'il dispose du pouvoir législatif.

Depuis 1995, le Parlement français se réunit en une seule session ordinaire (début octobre – fin juin). Il peut aussi être réuni en session extraordinaire en congrès à Versailles quand il s'agit de modifier la constitution.

A. La délimitation du domaine de la loi

C'est l'article 34 de la Constitution de 1958 qui définit le domaine de la loi c'est-à-dire les matières dans lesquelles le Parlement est compétent. On peut citer parmi elles notamment :

- les matières où la loi fixe et détermine les grands principes *(ex. : droits civiques, libertés publiques, droit pénal, impôts, régime électoral, enseignement, droit du travail...) ;*
- les lois de finances (budget) et les lois de financement de la Sécurité sociale ;
- les lois de programmation qui déterminent les objectifs de l'action de l'Etat...

B. L'élaboration de la loi

Le processus législatif comporte cinq grandes étapes :

- **l'initiative de la loi** (projet de loi par un ministre ou proposition de loi par un parlementaire) ;
- **l'examen et la discussion en commission** (avec possibilité d'amendements du texte) ;
- **le vote de la loi** (via le système de la navette parlementaire) ;
- **la promulgation de la loi** (c'est-à-dire la signature par le Président de la République) ;
- **la publication de la loi au JORF** (ainsi *« Nul n'est censé ignorer la loi »).*

La loi peut éventuellement faire l'objet d'un contrôle de constitutionnalité par le Conseil constitutionnel avant et même après sa promulgation.

C. Le contrôle du gouvernement

Le Parlement contrôle l'action du Gouvernement en étant assisté dans ce rôle par la Cour des comptes.

Les parlementaires peuvent par exemple interroger le Premier ministre et ses ministres en séance sur un problème précis (questions au gouvernement le mercredi après-midi à l'Assemblée nationale).

IV. Le Conseil constitutionnel (articles 56 à 63 de la Constitution de 1958)

Il est composé de neuf membres nommés (trois par le Président de la République, trois par le Président de l'Assemblée nationale et trois par le Président du Sénat) pour un mandat de 9 ans (non renouvelable) et des anciens Présidents de la république.

Il veille à la régularité des élections présidentielles, législatives et sénatoriales mais aussi et surtout à la constitutionnalité des lois (leur conformité à la Constitution) de deux manières.

A. Le contrôle a priori de la constitutionnalité des lois

Avant 1974, seules les quatre plus hautes autorités de l'Etat (Président de la république, Premier ministre, Présidents de l'Assemblée nationale et du Sénat) avaient le droit de déférer au Conseil, avant sa promulgation, une loi définitivement adoptée par le Parlement.

Depuis la loi constitutionnelle du 29 octobre 1974 qui a révisé l'article 61 de la Constitution, cette prérogative a été étendue à 60 députés ou 60 sénateurs.

Le Conseil constitutionnel doit ensuite statuer dans le délai d'un mois.

B. Le contrôle a posteriori de la constitutionnalité des lois

La loi constitutionnelle du 23 juillet 2008 a introduit dans la Constitution l'article 61-1 qui crée **la question prioritaire de constitutionnalité (QPC).**

Cette réforme ouvre aux citoyens le droit de saisir, à l'occasion d'un procès, le Conseil constitutionnel pour contester la constitutionnalité d'une loi promulguée.

Il doit alors statuer dans les trois mois.

V. Les autres institutions nationales

A. Le Conseil d'Etat

Il a pour mission de conseiller le Gouvernement en donnant par exemple son avis sur les projets de lois ou les décrets. Il représente aussi l'échelon suprême de l'ordre administratif.

B. Le Conseil économique, social et environnemental

Il a pour mission de conseiller les pouvoirs publics en vue de l'adoption d'un nouveau texte ou pour la conduite de la politique nationale (sur les questions économiques, sociales ou environnementales)

Il peut aussi être saisi par voie de pétition (signée par au moins 500 000 personnes).

C. Le Conseil supérieur de la magistrature

Sa mission est d'assister le Président de la République dans son rôle de garant de l'indépendance de l'autorité judicaire.

Il se prononce entre autres sur toutes les questions relatives à la déontologie des magistrats et au fonctionnement de la justice.

D. La Cour des comptes

Elle contrôle la régularité des comptes dans les différents services de l'Etat en vérifiant notamment le bon emploi et la gestion efficace des fonds publics avec la parution d'un rapport annuel.

Elle assiste aussi le Parlement et le Gouvernement dans le contrôle de l'exécution des lois de finances et de l'application des lois de financement de Sécurité sociale ainsi que dans l'évaluation des politiques publiques.

Section 2 – Les collectivités territoriales

A côté de l'organisation administrative étatique, il existe aussi une organisation administrative territoriale à travers la mise en place de collectivités locales ou territoriales.

Elles ont pour vocation à prendre les décisions pour l'ensemble des compétences qui peuvent le mieux être mises en œuvre à leur échelon. En pratique, on peut distinguer quatre grands échelons.

I. La commune

La France compte environ 35400 communes. La commune est une collectivité territoriale décentralisée ayant à sa tête des organes élus pour six ans au suffrage universel direct.

A. Un organe délibératif : le conseil municipal

Il règle, par ses délibérations, les affaires de la commune dans les domaines suivants :

- l'urbanisme et les transports *(ex. : permis de construire, bus scolaires) ;*
- les actions économiques *(ex. : aides aux entreprises) ;*
- l'enseignement *(ex. : écoles maternelles et primaires) ;*
- la culture *(ex. : bibliothèque, musées, conservatoires...) ;*
- le sport *(ex. : installations sportives) ;*
- le logement *(ex. : logements HLM) ;*
- l'action sanitaire et sociale *(ex. : centres communaux d'action sociale)...*

B. Un organe exécutif : le maire accompagné d'une équipe d'adjoints

Le maire fait exécuter les décisions du conseil municipal. C'est aussi le représentant de l'Etat au sein de la commune (pour la gestion de certains services de l'Etat). Il peut ainsi édicter des arrêtés (municipaux).

II. L'intercommunalité

L'intercommunalité désigne les différentes formes de coopération existant entre les communes.

Face à l'émiettement communal, la coopération intercommunale permet ainsi de rassembler des moyens dispersés et de structurer des initiatives locales. Cela favorise notamment le développement économique local et la politique d'aménagement du territoire.

En pratique, l'intercommunalité peut prendre deux formes.

A. Les structures intercommunales sans fiscalité propre

Il s'agit en fait des syndicats de commune qui fonctionnent à partir des contributions de chaque commune membre.

On distingue ainsi les syndicats intercommunaux à vocation unique **(SIVU)** et les syndicats intercommunaux à vocation multiple **(SIVOM).**

Les compétences exercées par les syndicats sont généralement les suivantes : l'eau, l'électricité, l'assainissement, les ordures ménagères…

Le syndicat de communes est administré par un organe délibérant, **le comité du syndicat**, composé de délégués élus par les conseils municipaux des communes membres et **d'un président du syndicat**, organe exécutif.

B. Les structures intercommunales avec fiscalité propre

En fonction de leur taille, on peut distinguer :

- **Les communautés de communes** (moins de 50 000 habitants) ;

- **Les communautés d'agglomération** (plus de 50 000 habitants) ;

- **Les communautés urbaines** (plus de 450 000 habitants) ;

- **Les métropoles** (plus de 500 000 habitants.

III. Le département

La France compte 101 départements (DROM inclus). Le département est une collectivité territoriale décentralisée ayant à sa tête des organes élus pour six ans au suffrage universel direct (renouvelés par moitié tous les trois ans).

A. Un organe délibératif : le conseil départemental

Anciennement appelé « conseil général », il règle, par ses délibérations, les affaires du département dans les domaines suivants :

- l'action sanitaire et sociale *(ex. : gestion du RSA et des diverses prestations sociales) ;*
- l'aménagement de l'espace et de l'équipement *(ex. : voirie départementale) ;*
- l'action économique *(ex. : aides aux entreprises) ;*
- la culture *(ex. : entretien du patrimoine, des monuments classés) ;*
- le logement *(ex. : fonds de solidarité pour le logement) ;*
- l'enseignement *(ex. : gestion des collèges et du personnel TOS) ;*
- le sport *(ex. : subventions des associations sportives)…*

B. Un organe exécutif : le président du conseil départemental

Il prépare et exécute les délibérations du conseil départemental.

Le département est aussi une circonscription administrative de l'Etat ayant à sa tête un préfet. Chaque département est divisé en arrondissements (ayant à sa tête un sous-préfet). L'arrondissement est lui-même divisé en cantons (circonscription électorale).

IV. La région

La France compte désormais 18 régions depuis le 1er janvier 2016. La région est une collectivité territoriale décentralisée ayant à sa tête des organes élus pour six ans au suffrage universel direct (renouvelés par moitié tous les trois ans).

A. Un organe délibératif : le conseil régional

Il règle, par ses délibérations, les affaires de la région dans les domaines suivants :

- le développement économique *(ex. : soutien à l'innovation des entreprises) ;*
- la gestion des fonds structurels européens ;
- l'organisation des transports ferroviaires régionaux (TER) ;
- la formation professionnelle, l'apprentissage et l'orientation ;
- la gestion des lycées *(construction, entretien, ATOS...) ;*
- l'aménagement du territoire *(ex. : routes nationales...) ;*
- la culture, sport, logement, politique de la ville (les régions interviennent au titre de leurs politiques volontaristes)...

La région possède aussi une assemblée consultative, **le conseil économique, social et environnemental régional,** représentatif des « forces vives » de la région, chargé de donner des avis sur certaines questions entrant dans les compétences de la région, avant qu'elles ne soient soumises au conseil régional.

B. Un organe exécutif : le président du conseil régional

Il prépare et exécute les délibérations du conseil régional.

La région est aussi une circonscription administrative de l'Etat ayant à sa tête un préfet.

Chapitre 2 – Les institutions publiques européennes

L'idée européenne est ancienne. C'est Robert Schuman, dans un discours invitant à développer un grand projet européen le 9 mai 1950 qui en est le principal instigateur.

L'Union européenne s'est ensuite construite progressivement, au gré des différents traités européens :

- **le Traité de Paris (1951)** qui a instauré la Communauté européenne du charbon et de l'acier (CECA) ;
- **le Traité de Rome (1957)** qui a mis en place la Communauté économique et européenne (CEE) et la Communauté européenne de l'énergie atomique (CEEA ou EURATOM) ;
- **les Traités de Luxembourg et La Haye (1986)** qui ont institué l'acte unique européen (AUE) en vue la préparation du marché unique ;
- **le Traité de Maastricht (1992)** qui a institué l'Union européenne (UE) ;
- **le Traité d'Amsterdam (1997)** qui avait pour objet la préparation du passage à l'euro ;
- **le Traité de Nice (2001)** dont le but était de réformer les institutions européennes en vue de l'élargissement de l'UE de 15 à 25 (projet de Constitution européenne) ;
- **le Traité de Lisbonne (2007)** appelé aussi Traité sur le fonctionnement de l'UE (TFUE)…

Au 1er janvier 2013, l'Union européenne comportait 28 membres :

- 1957 : France, Allemagne, Italie, Belgique, Pays-Bas et Luxembourg (6) ;
- 1973 : Royaume-Uni, Danemark et Irlande (9) ;
- 1981 : Grèce (10) ;
- 1986 : Espagne et Portugal (12) ;
- 1995 : Finlande, Suède et Autriche (15) ;
- 2005 : Estonie, Lettonie, Lituanie, Pologne, République Tchèque, Slovaquie, Hongrie, Slovénie, Malte et Chypre (25) ;
- 2007 : Bulgarie et Roumanie (27) ;
- 2013 : Croatie (28).

Cependant, avec le Brexit, en 2016, l'Union européenne devrait repasser à 27 membres.

Section 1 – Les acteurs institutionnels de l'Union européenne

I. Le Conseil européen

C'est une structure intergouvernementale mise en place en 1974 qui a un rôle d'impulsion politique. En effet, c'est le centre politique de l'Union européenne puisqu'il a en charge de déterminer les grandes orientations de l'Union européenne.

A. La présidence du Conseil européen

Avant le Traité de Lisbonne de 2007, le Conseil européen était présidé par l'Etat membre qui assurait pendant six mois la présidence de l'UE.

Depuis 2007, une fonction permanente de président du Conseil européen a été mise en place. Celui-ci est élu par le Conseil européen pour une durée de deux ans et demi (renouvelable une fois). Il est en charge de présider et d'animer les travaux du Conseil européen (Donald Tusk depuis 2014).

B. La composition du Conseil européen

Depuis 2007, il n'est plus composé que de son président, des seuls chefs d'Etat ou de gouvernement et du Président de la Commission européenne. Exceptionnellement, lorsque l'ordre du jour l'exige, les membres du Conseil européen peuvent décider d'être assistés chacun par un ministre.

En principe, il se réunit deux fois par semestre sur convocation du Président. Les décisions sont prises la plupart du temps à la majorité simple.

C. Les compétences du Conseil européen

Le Conseil européen est l'organe dirigeant de l'Union européenne. Son champ de compétence est très large en allant de la monnaie à la politique étrangère et de sécurité commune (PESC) mais aussi à la politique générale (notamment au niveau économique).

II. Le Conseil de l'Union européenne

C'est l'institution qui représente les Etats membres. Il exerce conjointement avec le Parlement européen les fonctions législative et budgétaire. Il est constitué par les ministres des Etats membres. Il tient une centaine de sessions par an à Bruxelles ou Luxembourg.

A. La composition du Conseil de l'Union européenne

Il est composé des représentants des Etats membres (des ministres en principe). On parle aussi parfois du Conseil des ministres de l'UE. Depuis 2007, il est constitué de deux grandes formations : le Conseil des affaires étrangères et le Conseil des affaires générales.

B. Les compétences du Conseil de l'Union européenne

Il est investi d'une mission de coordination des actions de l'Union européenne et des Etats membres. Ainsi :

- il partage avec le Parlement européen le pouvoir de décision en matière budgétaire ;
- il contrôle l'action et le fonctionnement du système européen de banques centrales (SEBC) ;
- il joue un rôle majeur dans le domaine des relations extérieures (à l'origine de l'ouverture des négociations internationales et de la conclusion de conventions) ;
- il prend les décisions nécessaires à la mise en œuvre de la politique étrangère et de sécurité commune…

C'est donc à la fois un organe institutionnel exécutif mais aussi législatif de l'UE en décidant des actes législatifs et budgétaires avec le Parlement européen.

C. Les modalités de vote

Au sein du Conseil de l'UE, les décisions peuvent se prendre selon les domaines soit à la majorité simple, soit à la majorité qualifiée voire parfois à l'unanimité.

En vertu du compromis de Luxembourg (de janvier 1966), les Etats membres conservent néanmoins un « droit de veto » s'ils jugent que leurs intérêts vitaux sont en jeu.

III. La Commission européenne

C'est l'organe essentiel de l'Union européenne, le véritable moteur. Elle joue un rôle essentiel dans la préparation et l'exécution de la politique européenne. Elle est la gardienne de la légalité européenne (notamment en matière de concurrence).

A. La composition de la Commission européenne

Elle comprend actuellement 27 membres, dont un Président (J.P Juncker) et a son siège principal à Bruxelles. Elle compte un seul commissaire par Etat membre. En effet, chaque Etat membre propose un commissaire et ensuite c'est le Conseil en accord avec le Parlement européen qui désigne officiellement les 27 commissaires.

Le Président est désigné par le Conseil européen et est élu par le Parlement pour un mandat de 5 ans renouvelable.

B. Les compétences de la Commission européenne

La commission européenne est à la fois une instance d'initiative des directives et règlements européens, la « gardienne des Traités » ainsi que l'agent d'exécution de l'Union européenne.

C. Les modalités de vote

Elle se réunit au moins une fois par semaine (le mercredi) et fonctionne collégialement puisque les décisions sont adoptées à la majorité simple.

IV. Le Parlement européen

«L'Europarlement» représente les peuples des Etats membres de l'Union européenne. C'est la première institution mentionnée par le Traité de Rome qui joue un rôle d'impulsion politique essentiel en adoptant de sa propre initiative des résolutions.

A. La composition du Parlement européen

Il est composé de 751 eurodéputés (dont environ 75 français) élus tous les cinq ans au suffrage universel direct par scrutin de liste à la proportionnelle. Il partage avec le Conseil de l'Union européenne le pouvoir législatif. On parle plus couramment du pouvoir de co-décision.

B. Les compétences du Parlement européen

On peut distinguer trois types de compétences.

- **En matière budgétaire**

Il dispose de compétences importantes même si ce n'est pas lui qui vote annuellement le budget (rôle de la commission européenne). En effet, il détient surtout un pouvoir de contrôle budgétaire (procédure de « décharge » à la Commission).

- **En matière de contrôle politique**

Il dispose d'un important pouvoir sur la Commission européenne et le Conseil de l'UE. Ainsi, plusieurs dispositifs existent : la possibilité de censure de la Commission européenne, les questions des eurodéputés à la Commission ou au Conseil, les recommandations possibles, les rapports rédigés…

- **En matière législative**

Les compétences législatives du Parlement européen s'exercent selon trois types de procédures : la procédure de consultation simple (pour les recommandations), la procédure législative ordinaire (pour les directives et les règlements) et la procédure d'approbation (en matière budgétaire).

Le Parlement européen ne dispose pas néanmoins de l'initiative législative, dont la Commission européenne a le monopole.

V. La Cour de justice de l'Union européenne

La CJUE (ex CJCE avant 2007) assure le respect du droit européen. Elle a joué un rôle décisif dans le développement de ce droit.

Elle est l'instance juridique suprême de l'Union européenne et comprend plusieurs juridictions comme le tribunal européen et les tribunaux spécialisés dans certaines matières.

Section 2 – La prise de décision au sein de l'Union européenne

En théorie, il existe deux types de procédure législative.

I. La procédure législative ordinaire

La grande majorité des « lois » européennes sont prises selon la procédure législative ordinaire (article 294 du TFUE) qui confère le même poids au Parlement européen et au Conseil de l'Union européenne. Avant le traité de Lisbonne, on parlait de procédure de « co-décision ».

La procédure législative ordinaire prévoit que :

- la Commission a le monopole de l'initiative. Elle seule peut présenter des propositions d'actes ;

- le Conseil de l'UE vote les projets de textes à la majorité qualifiée ;

- le Parlement participe à la procédure législative en tant que co-législateur.

Cette procédure s'applique désormais à presque toutes les politiques européennes (à l'exception de certaines mesures de la politique agricole commune et de la politique commerciale).

II. Les procédures législatives spéciales

Les domaines échappant à la procédure législative ordinaire sont régis par des procédures législatives spéciales. Dans certains cas, le Conseil de l'Union européenne légifère seul. Le rôle du Parlement est alors limité :

- **à la consultation** : il donne un avis non contraignant (par exemple, en matière fiscale) ;
- **ou à l'approbation** : il approuve ou désapprouve le texte qui lui est soumis sans pouvoir le modifier par des amendements (par exemple, pour la conclusion d'accords internationaux).

À l'inverse, le Parlement légifère seul (après avis ou approbation de la Commission et approbation du Conseil) dans plusieurs domaines liés au statut des députés européens ou du médiateur européen.

III. Le cas particulier des décisions en matière de politique étrangère et de sécurité commune

Dans ce domaine, le processus de décision reste largement intergouvernemental et le vote à l'unanimité est le mode quasi exclusif de décision. En pratique, les décisions sont prises par consensus et les votes sont exceptionnels.

C'est le Conseil européen (donc les chefs d'État et de gouvernement) qui détermine les objectifs stratégiques de l'UE. Le Parlement européen, quant à lui, est informé, parfois consulté, sur les choix fondamentaux.

Une clause passerelle, introduite par le traité de Lisbonne, prévoit que le Conseil européen peut décider à l'unanimité d'étendre à la politique étrangère et de sécurité commune (PESC) le champ de la majorité qualifiée.

<u>Section 3</u> – Les sources du droit communautaire

A côté de la jurisprudence européenne, il est possible de distinguer aussi deux grands types de sources.

I. Le droit communautaire « primaire »

Il s'agit du droit « originaire » constitué par les grands traités à l'origine de la construction européenne comme les Traités de Paris (1951), de Rome (1957), d'Amsterdam (1997)…

II. Le droit communautaire « dérivé »

Il s'agit de l'ensemble des actes émis par les différentes institutions communautaires en application du droit communautaire « primaire » (ex. : conseil européen, parlement européen, commission européenne et conseil de l'UE).

En vertu de l'article 288 du Traité sur le fonctionnement de l'Union européenne (TFUE), pour exercer les compétences de l'Union européenne, les institutions peuvent ainsi adopter :

- **des règlements européens** qui sont des actes juridiques de portée générale et obligatoires dans tous leurs éléments, directement applicables dans tous les Etats membres ;

- **des directives européennes** qui sont des actes juridiques qui lient tous les Etats membres destinataires quant au résultat à atteindre, tout en laissant aux instances nationales la compétence quant à la forme et aux moyens ;

- **des décisions européennes** qui sont des actes juridiques obligatoires dans tous leurs éléments mais qui ne sont obligatoires que dans les pays destinataires visés ;

- **des recommandations et des avis** qui sont des actes juridiques non obligatoires exprimant une incitation ou une opinion.

  Par exemple, dans le domaine de la politique économique et monétaire, la Commission peut recommander certaines mesures à un État membre qui connaît des difficultés dans sa balance des paiements (article 143 du TFUE). On parle plus couramment des grandes orientations de politiques économiques (GOPE).

Section 4 - Les grands principes du droit communautaire

Trois grands principes commandent le droit communautaire.

I. Le principe de subsidiarité

Selon ce principe, une action doit être réalisée au niveau communautaire si elle est plus efficacement menée qu'une action menée au niveau d'un Etat.

Ce principe opère en fait une répartition des tâches entre l'Union européenne et les Etats membres.

Par conséquent, dans les domaines ne relevant pas de leur compétence exclusive, les institutions européennes ne doivent intervenir que si les objectifs à atteindre ne peuvent pas l'être de façon satisfaisante par chacun des Etats.

II. Le principe de primauté

Selon ce principe, le droit communautaire s'impose au droit national. En conséquence, quand une règle communautaire et une règle nationale sont en contradiction, la première l'emporte (prime) sur la seconde.

Le juge national ne peut donc plus appliquer une disposition nationale contraire à une disposition communautaire, que la première soit antérieure ou postérieure à la seconde.

III. Le principe d'applicabilité directe

Selon ce principe, le droit communautaire dérivé est d'application directe auprès des Etats et de leurs membres. Un particulier peut même se prévaloir devant un juge national d'une directive non transposée.

La Cour de justice de l'Union européenne, consciente de l'importance des recommandations et des avis, estime même que les juges nationaux sont tenus de les prendre en considération.

Exercice d'application n°3

QUIZ : Vrai ou faux ?

Indiquez si chacune des affirmations suivantes est vraie ou fausse en justifiant votre réponse.

1. *Le Président de la République détermine et conduit la politique de la nation.*

2. *Le Gouvernement est collectivement responsable devant l'Assemblée nationale et le Sénat.*

3. *Une loi peut faire l'objet d'un contrôle de constitutionnalité uniquement avant sa promulgation.*

4. *Le Conseil d'Etat est l'échelon suprême de l'ordre administratif.*

5. *La formation professionnelle et la gestion des lycées sont de la compétence du département.*

6. *Le Conseil européen est l'organe dirigeant de l'Union européenne.*

7. *La Commission européenne est gardienne de la légalité européenne.*

8. *Le pouvoir législatif au niveau communautaire appartient uniquement au Parlement européen.*

9. *Les directives européennes sont directement applicables dans tous les Etats membres.*

10. *Le principe de subsidiarité signifie que le droit communautaire est supérieur au droit national.*

PARTIE 4
DROIT DES AFFAIRES

Chapitre 1 – Le cadre juridique de la vie des affaires

Section 1 – L'évolution du droit des affaires

I. Les origines du droit des affaires

L'apparition du droit commercial remonte à l'Antiquité où beaucoup de peuples étaient déjà réputés pour leurs qualités de commerçants comme les Carthaginois, les Phéniciens ou les Romains. Cependant, c'est surtout au Moyen Age que commence à se développer un « **droit commercial** » fortement international (apparition des lettres de change, des billets à ordre, des faillites...).

Plus tard, sous l'influence du pouvoir royal, un premier effort de codification est réalisé sous « **L'Ordonnance de commerce** » qui comprenait 122 articles couvrant notamment les registres et les livres de commerce, les sociétés et les faillites.

Au lendemain de la Révolution, le nouveau régime abolit les privilèges et la loi du 14 juin 1791 dite « **loi Chapelier** » vient mettre fin au corporatisme. La liberté du commerce et de l'industrie est alors proclamée.

En 1807**, le Code de commerce**, issu de la vague de codification sous Napoléon, est mis en place. Depuis cette date, le droit commercial a beaucoup évolué et il s'est profondément rénové.

Un projet de nouveau Code fut ainsi proposé en 1993. Le processus de codification fut lancé par la loi du 16 septembre 1999 jusqu'à l'élaboration de **l'Ordonnance du 18 septembre 2000** qui a abrogé l'ancien Code de commerce et a consacré un nouveau Code de commerce.

II. La définition du droit des affaires

Le droit des affaires est un ensemble de règles régissant l'activité des commerçants et industriels dans l'exercice de leur activité professionnelle.

En pratique, il englobe diverses disciplines telles que le droit fiscal, le droit de la concurrence, le droit de la consommation, le droit de la propriété intellectuelle, le droit cambiaire, le droit de sociétés, le droit des entreprises en difficulté... mais la discipline centrale reste **le droit commercial.**

Section 2 – Les sources du droit des affaires

On peut distinguer trois grands types de sources.

I. Les sources internationales

Le contexte de mondialisation des échanges donne toute son importance à ces sources. La France a ainsi signé différents traités et accords internationaux avec de nombreux pays. Le plus connu et certainement le plus important reste le Traité de Marrakech en 1995 instituant l'Organisation mondiale du commerce (OMC) qui a pour mission principale d'organiser les relations commerciales entre Etats au niveau de la planète.

Ainsi, un organe de règlement des différends (ORD) a été mis en place pour examiner et tenter de résoudre les conflits commerciaux entre Etats.

II. Les sources communautaires

En tant que membre de l'Union européenne, la France est soumise au droit communautaire en vertu des principes de primauté et d'applicabilité directe notamment. On peut ainsi citer comme sources communautaires à respecter :

- **les différents traités européens** *(Ex. : Maastricht en 1992 sur la libre circulation des biens, des services, des hommes et des capitaux) ;*

- **les différents règlements et directives européennes** *(Ex. : Directive de 1985 sur la responsabilité du fait des produits défectueux)*

- **les différentes décisions des juridictions** (de la Cour de justice de l'UE ou du tribunal de l'UE)

III. Les sources nationales

Elles sont multiples et parmi elles on peut citer :

- **la Constitution, les lois, les ordonnances et les règlements** (ex. : lois de 2003 sur la sécurité financière, de 2004 sur la confiance en l'économie numérique, de 2005 sur la sauvegarde des entreprises, de 2008 sur la modernisation de l'économie…) ;

- **la jurisprudence** (ex. : arrêts de la Cour de cassation et notamment ceux de la chambre commerciale) ;

- **la doctrine** (pensée des grands juristes spécialisés en droit des affaires) ;

- **la coutume et les usages** (qui ont une place majeure en droit des affaires)…

Section 3 – Les grands organismes de la vie des affaires

On peut distinguer deux grands types d'organismes.

I. Les organismes professionnels

A. Les chambres de commerce et d'industrie

La loi du 23 juillet 2010 a réformé l'organisation des réseaux des chambres de commerce et d'industrie.

Aujourd'hui, on peut distinguer trois échelons :

- au niveau de la métropole : avec les chambres de commerce et d'industrie territoriales **(CCIT) ;**

- au niveau régional : avec les chambres de commerce et d'industrie régionales **(CCIR) ;**

- au niveau national : avec l'assemblée des chambres françaises de commerce et d'industrie **(ACFCI).**

Globalement, leur mission principale est d'aider les commerçants (notamment en matière de création d'entreprise).

B. Les chambres de métiers et de l'artisanat

La même loi du 23 juillet 2010 a réformé aussi l'organisation des réseaux des chambres de métiers et de l'artisanat.

On peut aussi distinguer trois échelons :

- au niveau départemental : avec les chambres de métiers et de l'artisanat départementales **(CMAD) ;**

- au niveau régional : avec les chambres de métiers et de l'artisanat régionales **(CMAR) ;**

- au niveau national : avec l'assemblée permanente des chambres de métiers et de l'artisanat **(APCMA).**

Elles ont notamment pour attributions de tenir le répertoire des métiers, délivrer les diplômes d'artisan, organiser l'apprentissage et la formation professionnelle dans le secteur de l'artisanat…

II. Les organismes administratifs

A. Les autorités administratives indépendantes

Ce sont des instances chargées, au nom de l'Etat, d'assurer la régulation de secteurs considérés comme « essentiels ». Elles sont indépendantes c'est-à-dire qu'elles ne sont pas soumises à l'autorité hiérarchique d'un ministre et disposent de certains pouvoirs : décision, recommandation, réglementation et sanction. Parmi elles, on peut citer notamment : l'Autorité de la concurrence, l'Autorité des marchés financiers...

En parallèle, le ministre de l'Economie et la Direction générale de la concurrence, de la consommation et de la répression des fraudes (DGCCRF) se voient aussi dotés de pouvoirs importants.

B. Les institutions en matière bancaire et financière

La loi du 1er août 2003 relative « à la sécurité financière » a réformé les autorités de contrôle et de régulation du secteur financier. Ses dispositions ont été intégrées dans le Code monétaire et financier.

Des institutions communes aux établissements de crédit et aux entreprises d'investissement ont ainsi vu le jour comme des autorités de contrôle ou des comités consultatifs du secteur financier, de la législation et de la réglementation financière.

Section 4 – La résolution des conflits de la vie des affaires

En pratique, on peut distinguer deux grands modes de résolution des litiges commerciaux.

I. A l'amiable : le recours à l'arbitrage

Après une éventuelle tentative de transaction entre les parties, il est possible de recourir à l'arbitrage. Il s'agit d'une justice « privée » (surtout utilisée dans les litiges commerciaux internationaux) qui consiste à confier la solution d'un conflit à un arbitre choisi contractuellement par les parties au lieu de recourir aux juridictions. On parle plus couramment de **« clause compromissoire »** qui est alors insérée dans le contrat.

En pratique, l'arbitrage présente trois grands avantages : la rapidité, la souplesse et la confidentialité.

II. Par le recours à la justice : les tribunaux de commerce

Ils ont pour vocation de juger les litiges entre commerçants et les contestations relatives aux actes commerciaux. En France, ils sont au nombre d'environ 150. Dans les circonscriptions où n'existe pas de tribunal de commerce, ses attributions sont exercées par le tribunal de grande instance (TGI).

A. Compétence

1. Compétence d'attribution

Le tribunal de commerce est compétent pour tous les litiges entre commerçants, entre établissements de crédit, entre sociétés commerciales, sur les actes de commerce mais aussi en matière de procédures collectives pour les artisans et les commerçants

2. Compétence territoriale

En principe, c'est le tribunal du lieu du domicile du défendeur qui est compétent et doit donc être saisi. Cependant, il est possible contractuellement de prévoir une clause dérogatoire de compétence (uniquement entre commerçants) dans laquelle on peut retenir par exemple comme tribunal compétent celui du lieu de la livraison ou de l'exécution du contrat.

B. Voies de recours

1. Les voies de recours ordinaires

- **L'appel**

Les parties peuvent faire appel dans un délai d'un mois suivant la décision rendue par le tribunal de commerce devant une cour d'appel quand le litige est supérieur à 4000 euros.

L'appel a alors un effet suspensif c'est-à-dire que l'exécution de la décision du tribunal de commerce est suspendue jusqu'à l'appel.

- **L'opposition**

Quand un jugement est rendu par défaut (que le défendeur n'a pas comparu), il peut être frappé d'opposition. L'affaire revient alors devant un nouveau tribunal de commerce qui rejuge l'affaire avec là encore un effet suspensif de l'opposition.

2. Les voies de recours extraordinaires

- **La tierce opposition**

Elle permet à des tiers, qui n'étaient pas au procès, de défendre leurs intérêts si la décision les lèse.

- **Le recours en révision**

Il n'est ouvert que dans les cas énumérés par le code de procédure civile, leur fondement est la fraude. C'est le cas notamment pour les décisions motivées par des pièces qui se sont avérées fausses.

- **Le pourvoi en cassation**

Il est possible de se pourvoir en cassation contre toutes les décisions rendues en dernier ressort soit par la Cour d'appel soit par le tribunal de commerce pour les litiges inférieurs à 4000 euros.

Ces trois voies de recours extraordinaires n'ont en aucun cas un effet suspensif.

Chapitre 2 – Le commerçant et le fonds de commerce

Depuis le décret d'Allarde de 1791, le principe est celui de la liberté du commerce et de l'industrie et donc de la libre entreprise. Cependant, le statut de commerçant reste très encadré tout comme la notion de fonds de commerce.

Section 1 – La qualité de commerçant

L'article L 121-1 du Code de commerce dispose que : *« Sont commerçants ceux qui exercent des actes de commerce et en font leur profession habituelle ».*

Deux conditions sont ainsi requises pour avoir la qualité de commerçant.

I. L'exercice d'actes de commerce

On peut distinguer trois catégories d'actes de commerce :

- **les actes de commerce par nature**

Leur liste est dressée par l'article L 110-1 du Code de commerce. On peut les résumer à trois activités principales : production, distribution et services. Par exemple, la loi répute comme acte de commerce par nature : *« Tout achat de biens meubles pour les revendre, soit en nature, soit après les avoir travaillés et mis en œuvre» ;*

- **les actes de commerce par accessoire**

Ce sont des actes civils faits par un commerçant pour les besoins ou à l'occasion de son commerce (comme par exemple l'achat d'une camionnette pour les besoins de son activité ou la signature d'un bail commercial) ;

- **les actes de commerce par la forme**

Il s'agit des lettres de changes et des actes réalisés par les sociétés commerciales.

II. A titre de profession habituelle

Pour être commerciale, l'activité doit aussi être exercée :

- **comme profession**

Cela veut dire que l'exercice de l'activité doit permettre à son auteur de satisfaire ses besoins financiers.

- **à titre indépendant**

L'exercice de l'activité doit se faire en son nom et pour son propre compte. Ainsi, les personnes suivantes ne sont pas commerçantes : le salarié d'un commerçant, le gérant salarié d'un fonds de commerce, l'agent commercial ou le voyageur représentant / placier (VRP).

Section 2 – Les conditions d'exercice de l'activité commerciale

Toute personne a la liberté d'entreprendre et d'exploiter son entreprise librement. Elle doit cependant pour accéder à la profession commerciale respecter certaines conditions.

I. Les conditions tenant à l'activité

A. Les professions interdites

Il s'agit par exemple des activités contraires à l'ordre public (comme le commerce de la drogue ou la prostitution) ou des activités réservées et constituant des monopoles d'Etat (comme la vente de timbres-poste).

B. Les professions contrôlées ou réglementées

Il s'agit des activités soumises à une autorisation administrative (agrément, licence ou carte professionnelle) et/ou à la possession d'un diplôme. C'est le cas par exemple pour les débits de boisson, les transports routiers, les agences de voyages ou les pharmaciens.

II. Les conditions tenant aux personnes

Toute personne est libre d'entreprendre et d'exploiter son entreprise librement à partir du moment où elle possède la capacité juridique. Elle doit néanmoins, pour accéder à la profession commerciale, respecter certaines limites.

A. Les cas de déchéances

Le législateur frappe de déchéance ceux qui ont déjà fait preuve de leur indignité dans un souci d'assurer la moralité commerciale. La loi prévoit :

- 5 ans de déchéance pour les personnes qui ont été condamnées pour un délit puni d'une peine d'emprisonnement ;
- 10 ans de déchéance pour les personnes coupables d'infractions en matière d'impôts directs, de TVA et autres taxes ;
- 15 ans de déchéance pour les personnes qui ont connu une faillite personnelle.

B. Les cas d'incompatibilités

Certaines personnes ne peuvent pas exercer une activité commerciale en raison de leur profession.

C'est le cas notamment des fonctionnaires (ex. : enseignants, policiers...), des officiers ministériels (ex. : huissiers, notaires...) ou des membres de certains ordres professionnels (ex. : architectes, experts comptables, avocats...). Le législateur a voulu ainsi assurer l'indépendance de la fonction publique ou la dignité de certaines professions qui s'accommoderaient mal de la recherche du profit.

Une loi de 2016 relative à la déontologie réaffirme ainsi le principe de non cumul d'activités des fonctionnaires et l'interdiction d'exercer une activité privée lucrative de quelque nature que ce soit. Des dérogations sont toutefois prévues notamment quand le fonctionnaire en question est en temps partiel.

C. Les cas spécifiques

1. Le conjoint du commerçant

La loi du 10 juillet 1982 prévoit pour eux uniquement trois statuts possibles :

- **salarié ;**
- **associé ;**
- **collaborateur** (pas de rémunération).

En effet, selon l'article L 123-1 du Code de commerce, le conjoint d'un commerçant ne peut être réputé lui-même commerçant que s'il exerce une activité commerciale séparée de celle de son époux.

2. Le commerçant étranger

Une différence existe entre les ressortissants :

- **membres de l'UE** (qui en principe bénéficient du libre établissement) ;
- **non membres de l'UE** (qui s'ils détiennent un droit de séjour, sont soumis au principe de réciprocité c'est-à-dire qu'un étranger ne peut exercer en France une activité commerciale que si les français ont ce même droit dans leur pays d'origine).

3. L'agriculteur

Une loi de 1988 est venue clarifier leur situation en réputant civiles la plupart des activités agricoles. Par conséquent, l'agriculteur qui vend sa récolte n'est pas un commerçant, il est soumis à un statut particulier dont la plupart des règles figurent dans le code rural.

Le statut de l'agriculteur rappelle néanmoins dans certaines hypothèses celui du commerçant. Ainsi l'agriculteur doit s'immatriculer au registre de l'agriculture et bénéficie pour les terres dont il n'est pas propriétaire du statut des baux ruraux, qui est comparable à celui des baux commerciaux.

Depuis la loi du 30 décembre 1988, il peut également se prévaloir des règles relatives aux procédures de redressement ou de liquidation judiciaire.

4. <u>L'artisan</u>

C'est un travailleur indépendant qui :

- **exerce un travail manuel** (de prestations de services par exemple) ;
- **avec un effectif de 10 salariés maximum ;**
- **titulaire d'un diplôme d'artisan.**

Il est inscrit au répertoire des métiers et régi par le droit civil.

Il est donc soumis aux juridictions civiles (sauf en cas de procédures collectives où la compétence relève du tribunal de commerce).

L'artisan peut parfois vendre, sans leur faire subir de transformations, des produits qu'il a achetés. C'est le cas par exemple des produits de parfumerie chez un coiffeur. Il faut alors distinguer trois situations :

- *Si le travail manuel fournit l'essentiel de son chiffre d'affaires*, le statut d'artisan lui sera attribué et il devra être immatriculé au répertoire des métiers (RM) ;

- *Si le travail manuel n'est que l'accessoire de l'activité d'achat et de revente*, le statut de commerçant lui sera attribué et il devra être immatriculé au registre du commerce et des sociétés (RCS) ;

- *S'il y a partage d'activité*, le statut d'artisan-commerçant lui est attribué et l'immatriculation se fera au RM et au RCS.

Toutefois, dans tous les cas, l'entreprise artisanale qui adopte la forme d'une société commerciale est soumise aux règles du droit commercial.

5. <u>Les professions libérales</u>

Selon la loi du 22 mars 2012 de simplification du droit et d'allègement des démarches administratives, il s'agit des personnes exerçant à titre habituel, de manière indépendante et sous leur responsabilité, une activité de nature généralement civile. Elles assurent des prestations principalement intellectuelles au moyen de qualifications appropriées.

Ces personnes ne sont donc pas considérées comme des commerçants et donc pas soumis aux règles du droit commercial mais aux règles du droit civil (même si on peut leur appliquer comme à l'agriculteur ou à l'artisan le droit des entreprises en difficulté).

Section 3 – Les conséquences du statut de commerçant

Il découle du statut de commerçant un certain nombre d'obligations légales et de responsabilités ainsi que des règles spécifiques.

I. Les obligations légales

Un commerçant doit respecter de nombreuses obligations fixées par la loi. Parmi elles, il y en a quatre majeures.

A. Les obligations administratives

La première obligation qui pèse sur un commerçant est l'inscription au registre du commerce et des sociétés (RCS). Elle doit se faire au greffe du tribunal de commerce. En pratique, le centre de formalités des entreprises (CFE) peut faciliter les démarches.

B. Les obligations comptables

Tout commerçant doit procéder à l'enregistrement comptable des mouvements affectant le patrimoine de son entreprise (enregistrement chronologique) et effectuer un contrôle par inventaire de ses éléments actifs et passifs, au moins une fois par an. Il doit établir ainsi des comptes annuels à travers l'élaboration d'un bilan et d'un compte de résultat. Les documents comptables doivent être gardés pendant dix ans.

C. Les obligations fiscales

Le commerçant est assujetti au paiement de l'impôt pour les bénéfices qu'il retire de l'exercice de son activité. En pratique, il est soumis à l'impôt sur le revenu des personnes physiques (IRPP) dans la catégorie des bénéfices industriels et commerciaux (BIC).

Pour être plus précis, il existe deux modes d'imposition des BIC :

- **le régime de la micro-entreprise (ou « micro-BIC »)**

Il s'agit du régime pour les entrepreneurs individuels non soumis à la TVA (les micro-entrepreneurs) et quand le chiffre d'affaires ne dépasse pas certains seuils (32 900 € pour les prestations de services et 82 200 € pour les activités commerciales).

- **le régime du bénéfice réel (normal ou simplifié)**

Il s'agit du régime utilisé quand le chiffre d'affaires dépasse les seuils.

Le commerçant peut aussi être redevable en fonction de sa situation de la TVA (sauf le micro-entrepreneur), de la contribution économique territoriale (CET) depuis le 1er janvier 2010 et de diverses taxes et participations sur les salaires (ex. : taxe d'apprentissage, participation à la formation professionnelle…).

D. Les obligations sociales

Le commerçant travaille de manière indépendante. Il relève donc du régime social des indépendants (RSI) et non du régime général de la sécurité sociale. Il est donc assujetti au versement de diverses cotisations au titre par exemple de l'assurance-maladie, des allocations familiales, de l'assurance vieillesse et des accidents du travail.

II. Les responsabilités diverses

Les responsabilités du commerçant peuvent être de plusieurs ordres.

A. Une responsabilité patrimoniale

En tant qu'entrepreneur individuel la plupart du temps, le commerçant doit répondre de ses dettes professionnelles sur l'ensemble de son patrimoine (y compris personnel). Il s'agit du **principe de l'unité du patrimoine**, appelé aussi **principe de confusion des patrimoines.**

Depuis la loi de 2008 (LME), l'entrepreneur individuel peut néanmoins protéger à la fois sa résidence principale ainsi que tout bien foncier bâti ou non bâti qu'il n'a pas affecté à un usage professionnel par **une déclaration d'insaisissabilité chez un notaire.**

Par ailleurs, le commerçant peut aussi choisir depuis 2010 le statut d'entrepreneur individuel à responsabilité limité (EIRL) pour contourner ce risque avec la possibilité de mettre en place **un patrimoine d'affectation spécifique** et de n'engager ainsi que les biens personnels figurant sur cette déclaration d'affectation.

Enfin, il peut également décider de créer directement **une société unipersonnelle** comme une entreprise unipersonnelle à responsabilité limitée (EURL) ou une société par actions simplifiée unipersonnelle (SASU), qui permet ainsi de séparer son patrimoine personnel de son patrimoine professionnel.

B. Une responsabilité civile

Le commerçant peut voir engager sa responsabilité civile « classique ». Par ailleurs, en tant que professionnel, il doit répondre de la qualité des produits qu'il commercialise. La loi du 19 mai 1998 (transposant une directive européenne de 1985) instaure même un régime spécifique dans le but de permettre une meilleure indemnisation des victimes de produits défectueux par l'instauration d'une responsabilité de plein droit du producteur c'est-à-dire d'une responsabilité sans faute.

En pratique, la notion de « producteur » est entendue au sens large. En effet, elle englobe aussi bien le fabricant, que le simple importateur ou commerçant. Ainsi, ce dernier est responsable de tous les produits défectueux qu'il met en circulation sur le marché.

C. Une responsabilité pénale

Depuis quelques années, un droit pénal des affaires a vu le jour. Il s'agit de l'ensemble des règles de droit concernant les infractions susceptibles d'intervenir dans la vie des affaires, mais aussi de l'ensemble des règles économiques qui peuvent être sanctionnées pénalement.

Ainsi, le droit pénal des affaires comprend des infractions de droit commun (comme le vol, l'escroquerie, l'abus de confiance, la corruption…) mais aussi des infractions spécifiques (comme l'abus de bien social, la contrefaçon, la publicité trompeuse ou mensongère…).

III. Les règles de droit spécifiques

A. Concernant le règlement des litiges

Les litiges commerciaux peuvent être réglés soit par le recours à l'arbitrage soit par le recours aux institutions judiciaires (tribunal de commerce en particulier).

Le délai de prescription de l'action en justice en matière commerciale est en principe de cinq ans.

En matière de preuve commerciale, le principe est celui de la preuve libre c'est-à-dire que la preuve peut être rapportée par tous moyens (ex. : écrit, témoignage, présomption…).

B. Concernant les obligations commerciales

Les codébiteurs d'une obligation commerciale sont en principe tenus solidairement c'est-à-dire que l'un quelconque d'entre eux peut être poursuivi en paiement pour le tout par le créancier. On parle de responsabilité solidaire et collective en matière commerciale.

C. Concernant les difficultés financières

Les commerçants en difficulté peuvent bénéficier du droit des entreprises en difficulté et des diverses procédures existantes telles que la conciliation, la sauvegarde, le redressement et la liquidation judiciaire.

Section 4 – Le fonds de commerce

Il n'existe aucune définition juridique du fonds de commerce. La loi du 17 mars 1909 se limite juste à distinguer les éléments qui le composent. En effet, en pratique, il s'agit d'une universalité c'est-à-dire « un tout » formé de biens mobiliers corporels et incorporels.

I. Les éléments du fonds de commerce

A. Les éléments corporels

1. Le matériel et l'outillage

Il se compose de l'ensemble des biens mobiliers corporels servant durablement à l'exploitation comme l'équipement, le matériel d'entreposage, l'outillage industriel ou le mobilier de bureau.

2. Les matières premières et les marchandises

Il s'agit en fait des différents stocks de matières premières et de marchandises détenus par l'entreprise.

B. Les éléments incorporels

1. La clientèle

C'est l'élément principal du fonds de commerce. En effet, ce dernier ne peut exister que si une clientèle lui est attachée. La jurisprudence affirme néanmoins que la clientèle doit être :

- **« réelle et certaine »** c'est-à-dire ni virtuelle ni potentielle ;
- **« personnelle à l'exploitant »** c'est-à-dire être rattachée en propre au titulaire du fonds.

La clientèle est protégée par l'action en concurrence déloyale.

2. Le droit au bail

Dans certains cas, le commerçant n'est pas propriétaire des locaux dans lesquels il exerce son commerce. Il passe alors un contrat de bail pour une durée déterminée (neuf ans en général) avec un propriétaire.

Le locataire bénéficie alors d'un droit au renouvellement de son bail à l'expiration de celui-ci. A défaut, il a droit à une indemnité d'éviction. En pratique, on parle aussi de « **propriété commerciale** » étant donné le privilège accordé au locataire.

3. Le nom commercial

C'est l'appellation sous laquelle le commerçant exerce son activité. Elément du fonds de commerce, le nom commercial est donc cessible avec lui.

4. L'enseigne

C'est un signe extérieur qui permet d'individualiser l'établissement ou le magasin. Comme le nom commercial, elle peut être cédée avec le fonds.

5. Les éventuels droits de la propriété industrielle

Il est possible d'en distinguer deux catégories principales.

- **Les brevets d'invention**

Pour être brevetable, l'invention doit remplir trois conditions : être nouvelle, être susceptible d'application industrielle et être le fruit d'une véritable activité inventive.

Si les conditions de brevetabilité sont réunies, le brevet assure la protection de l'invention sur un territoire délimité.

Ainsi, en France, un brevet déposé à l'Institut National de la Propriété Industrielle (INPI) assure à son propriétaire un monopole d'exploitation de son invention sur le seul territoire français tandis qu'en Europe, un brevet déposé à l'Office Européen des Brevets (OEB) permet de protéger une invention dans les Etats membres de l'Union européenne.

Le brevet confère à son titulaire un monopole d'exploitation de l'invention de 20 ans à compter du dépôt de la demande, à condition que le titulaire du brevet paie une redevance annuelle.

Le titulaire d'un brevet peut saisir la justice par une action en contrefaçon si un tiers non autorisé exploite l'invention

- **Les marques (de fabrique, de commerce et de service)**

Pour être déposée comme marque, le signe en question (ex. : nom, chiffre, dessin, logo…) doit remplir quatre conditions : être distinctif, ne pas être déceptif, être licite et être disponible.

Si ces conditions sont réunies, pour pouvoir protéger une marque, il faut la déposer, en France, auprès de l'INPI, ce qui assure à son propriétaire un monopole d'exploitation sur le seul territoire français et en Europe, auprès de l'Office de l'Harmonisation dans le Marché Intérieur (OHMI), ce qui assure à son propriétaire un monopole d'exploitation de cette « marque communautaire » dans tous les États membres de l'Union européenne.

La protection confère au titulaire de la marque un monopole d'utilisation pendant les 10 ans qui suivent la date de dépôt et la protection est renouvelable indéfiniment.

En cas d'imitation, comme pour le brevet, le titulaire de la marque peut mettre en œuvre une action en contrefaçon.

II. Les contrats relatifs au fonds de commerce

A. La cession de fonds de commerce

Selon la jurisprudence, il s'agit d'un acte de commerce. En pratique, c'est une opération complexe d'où la mise en place de règles spécifiques prévues aux articles L 14-1 et suivants du Code de commerce.

1. Les modalités de cession

Au-delà des conditions générales de fond que doit respecter tout contrat (en matière de capacité, de consentement et de contenu licite), il convient de noter l'existence d'un lourd formalisme puisque la cession nécessite un écrit (si possible un acte authentique) avec des mentions obligatoires (ex. : déclaration des chiffres d'affaires et bénéfices réalisés lors des 3 dernières années, date et durée du bail…).

Le tout doit être publié dans un journal d'annonces légales (JAL) et au bulletin officiel des annonces civiles et commerciales (BODACC) dans les quinze jours suivant la signature du contrat.

Par ailleurs, lors d'une cession de fonds de commerce, des droits d'enregistrement doivent être réglés à l'Administration. Il s'agit d'un pourcentage sur le prix de cession qui varie de 3 à 5%.

Enfin, les communes bénéficient d'un droit de préemption (de préférence) depuis 2005. Le cédant doit donc faire une déclaration préalable en mairie sous peine de nullité.

2. La protection du vendeur

Le vendeur peut parfois accorder un paiement échelonné, le droit prévoit donc de le protéger contre l'éventuelle insolvabilité de l'acheteur.

On peut ainsi distinguer deux types de protection :

- **l'action résolutoire** (qui permet d'annuler la vente en cas d'impayé avec l'octroi possible d'une indemnisation) ;

- **le privilège du vendeur** (si l'acheteur se trouve sous le coup d'une procédure collective, il a un privilège de paiement).

3. La protection de l'acquéreur

Elle passe notamment par le respect du formalisme imposé lors de la conclusion de l'acte. Ainsi, par exemple, si une mention obligatoire a été omise, la cession peut être annulée. De la même manière, l'inexactitude d'une mention peut conduire à la réduction du prix de cession.

De plus, comme c'est le cas lors d'une vente, le vendeur a l'obligation de livrer la chose et de garantir l'acheteur contre l'éviction et les vices cachés.

Enfin, le vendeur doit aussi une garantie légale de non concurrence qui l'oblige à ne pas se réinstaller à proximité (l'étendue de cette obligation dans le temps et dans l'espace est généralement précisée dans l'acte de vente).

B. Le nantissement du fonds de commerce

Les commerçants sollicitent souvent des crédits et des garanties leur sont alors demandées. Une loi de 1909 a donc institué le nantissement. Il s'agit d'un « gage » de leur fonds de commerce sans dépossession.

En pratique, on peut distinguer deux types de nantissement.

1. Le nantissement conventionnel

C'est celui qui est stipulé dans un contrat passé entre le propriétaire du fonds de commerce et un créancier. C'est un acte écrit (acte authentique ou sous seing privé), enregistré et inscrit au greffe du tribunal de commerce dans les 15 jours qui suivent sa conclusion.

Le créancier nanti peut ainsi demander la vente forcée du fonds de commerce le cas échéant. Pour cela, il doit faire sommation de payer pour demander au président du tribunal de commerce d'ordonner la vente aux enchères publiques.

Il bénéficie alors de deux droits :

- **de préférence** (par rapport aux autres créanciers) ;

- **de suite** (droit de faire vendre le fonds même s'il n'est plus entre les mains du débiteur).

2. Le nantissement judiciaire

Les créanciers d'un commerçant peuvent demander en justice un nantissement conservatoire en cas d'urgence et si le recouvrement de la créance semble en péril.

Il n'est pas nécessaire que la créance soit exigible.

Le président du tribunal de commerce rend alors une ordonnance et procède ensuite à une inscription au greffe du tribunal de commerce dans les 15 jours.

Le nantissement judiciaire produit les mêmes effets que le nantissement conventionnel.

C. Le bail commercial

Le commerçant peut être propriétaire de son fonds de commerce mais généralement il est simplement locataire des locaux dans lesquels il exploite son fonds.

Si à la fin du bail, le commerçant était obligé de quitter le local, il risquerait de perdre l'élément essentiel de son fonds : sa clientèle (attachée à son emplacement).

Le législateur est donc intervenu pour protéger les commerçants locataires notamment à travers la loi du 4 août 2008.

1. Les droits du locataire commerçant

- **La durée du bail**

Un bail commercial dure au minimum 9 ans mais cette durée ne s'impose qu'au bailleur. En effet, le locataire peut partir tous les 3 ans et à tout moment en cas de retraite ou d'invalidité.

- **La jouissance des locaux**

Une fois le bail commercial signé, le locataire a le droit de jouir paisiblement des lieux loués pour exercer son activité.

- **La sous-location**

Elle est en principe interdite sauf disposition contraire du contrat de bail ou accord du bailleur.

- **La cession du bail**

Elle est possible à condition de respecter certaines formalités et en particulier l'éventuelle clause d'agrément insérée dans le contrat (accord préalable du propriétaire).

- **Le droit au renouvellement du bail**

C'est la prérogative principale du locataire commerçant qui lui offre pratiquement un droit réel sur le local. En fait, tout se passe comme si le bail était illimité. Toute clause destinée à faire échec à ce droit de renouvellement serait nulle comme l'indique l'article L 145-15 du Code de commerce. C'est d'ailleurs pour cela qu'en pratique, on parle de « propriété commerciale ».

2. <u>Les droits du propriétaire bailleur</u>

- **Le pas-de-porte**

Il s'agit de la somme qui peut être réclamée par le propriétaire lors de la conclusion du contrat de bail.

- **Le loyer**

Il est fixé librement lors de la conclusion du bail avec des règles de révision ou indexation du prix et des plafonnements. A ce titre, la loi de 2008 a institué un nouvel indice pour la révision des loyers : l'indice des loyers commerciaux (ILC).

- **Les droits sur les locaux d'habitation accessoires aux locaux commerciaux**

A l'expiration de chaque période triennale, le bailleur peut les reprendre en donnant congé au locataire.

D. La location-gérance

Il s'agit d'un contrat de location par lequel le propriétaire d'un fonds de commerce appelé « bailleur » ou « loueur » confie l'exploitation de son fonds à une personne appelée «gérant » qui exploite ce fonds en son propre nom, pour son compte et à ses risques, en payant au propriétaire un loyer

La location-gérance est utilisée quand le propriétaire du fonds de commerce désire s'arrêter momentanément (suite à une maladie par exemple) ou définitivement (suite à un départ en retraite).

Elle peut ainsi être un préalable à la vente du fonds de commerce.

1. Les conditions de la location-gérance

Elles ont été assouplies par une ordonnance du 25 mars 2004.

D'une part, le propriétaire du fonds de commerce doit être immatriculé au RCS pour mettre le fonds en location et doit avoir exploité celui-ci pendant 2 ans au moins.

D'autre part, le locataire-gérant doit avoir les qualités requises pour être commerçant, être immatriculé au RCS et exploiter à ses risques et périls.

Le contrat, quant à lui, n'est soumis à aucune forme particulière. Il doit juste être écrit et publié au RCS et dans un journal d'annonces légales.

2. Les effets de la location-gérance

Concernant le propriétaire, il a l'obligation de mettre à disposition le fonds de commerce et de garantir le locataire contre l'éviction et les vices cachés.

Concernant le locataire-gérant, il doit payer le loyer convenu et exploiter le fonds de commerce en « bon père de famille » en en assumant tous les risques commerciaux.

3. La fin de la location-gérance

La location-gérance peut être dénoncée soit à l'arrivée du terme soit par résiliation judicaire (en cas de faute contractuelle).

La fin de la location-gérance fait l'objet de publicités au RCS et dans un JAL. Dans certains cas, des indemnités peuvent être versées au propriétaire (si le fonds a subi des dégradations) ou au locataire (si le fonds a pris de la valeur).

Le locataire-gérant n'a pas un droit au renouvellement du bail.

Le contrat de location-gérance n'interdit pas au locataire gérant d'exercer à l'issue de ce contrat la même activité sauf s'il existe une clause de non-rétablissement « proportionnée ».

Chapitre 3 – Le contrat de vente commerciale

Selon l'article 1582 du Code civil, *« La vente est une convention par laquelle l'un s'oblige à livrer une chose, et l'autre à la payer. »*

La vente est commerciale quand elle porte sur une marchandise que l'acheteur a l'intention de revendre (acte de commerce par nature) ou quand elle est faite par un commerçant pour les besoins de son commerce (acte de commerce par accessoire). Elle débouche donc sur la conclusion d'un contrat soumis à diverses règles.

Section 1 – La formation du contrat de vente commerciale

Le contrat de vente commerciale doit d'abord respecter les conditions générales de formation des contrats prévues par l'article 1128 du code civil qui stipule ainsi que *« Sont nécessaires à la validité d'un contrat :*

1° Le consentement des parties ;

2° Leur capacité de contracter ;

3° Un contenu licite et certain. »

Section 2 – Les effets du contrat de vente commerciale

I. Le transfert de propriété

En principe, en vertu de l'article 1583 du Code civil, *« La vente est parfaite entre les parties, et la propriété est acquise de droit à l'acheteur à l'égard du vendeur, dès qu'on est convenu de la chose et du prix, quoique la chose n'ait pas encore été livrée ni le prix payé. »*

Par conséquent, la propriété de la chose vendue est transférée à l'acheteur dès l'instant où le vendeur et l'acheteur se sont mis d'accord sur la chose et le prix. Peu importe que la chose ait été livrée ou non et que le prix ait été payé ou pas. Les risques sont transférés en même temps que la propriété.

Il existe néanmoins quelques exceptions à ce principe. C'est le cas par exemple :

- **des ventes avec une clause de réserve de propriété** (permettant de prévoir que le transfert de propriété du bien n'aura lieu qu'après le paiement total du prix, même si la chose a déjà été livrée) ;

- **des ventes avec essai ou « sous condition suspensive »** (où le vendeur reste propriétaire de la chose et en supporte les risques jusqu'à la réalisation de la condition).

II. Les obligations du vendeur

A. L'obligation d'information et de conseil du vendeur

Dans les relations entre un vendeur professionnel et un consommateur, les articles L 111-1 et suivants du Code de la consommation viennent imposer au vendeur professionnel un certain nombre d'obligations en matière d'information.

Ainsi, avant que le consommateur ne soit lié par un contrat de vente de biens ou de fourniture de services, le professionnel doit communiquer au consommateur, de manière lisible et compréhensible, les informations suivantes :

- *les caractéristiques essentielles du bien ou du service ;*
- *le prix du bien ou du service ;*
- *en l'absence d'exécution immédiate du contrat, la date ou le délai auquel le professionnel s'engage à livrer le bien ou à exécuter le service ;*
- *les informations relatives à son identité, à ses coordonnées postales, téléphoniques et électroniques et celles relatives aux garanties légales...*

Par ailleurs, l'article 1104 du Code civil affirme que *«Les contrats doivent être négociés, formés et exécutés de bonne foi».*

De plus, l'article 1602 du Code civil stipule que *« Le vendeur est tenu d'expliquer clairement ce à quoi il s'oblige. Tout pacte obscur ou ambigu s'interprète contre le vendeur»*

Il en découle ainsi **une obligation renforcée d'information** du vendeur qui peut aller jusqu'à **une obligation de conseil** (notamment pour les vendeurs professionnels).

B. L'obligation de délivrance

La délivrance est le transfert de la chose vendue. Il s'agit en fait de la remise matérielle de la chose à l'acheteur, aux conditions prévues par le contrat (ex. : quantité, qualité, date de livraison…).

En principe, la délivrance se fait au lieu où se trouve la chose au moment de la vente sauf stipulations conventionnelles contraires.

Ainsi, le contrat de vente peut préciser s'il s'agit d'une vente :

- ***« franco »*** dans laquelle c'est au vendeur d'organiser le transport jusqu'à chez l'acheteur ;

- ou ***« départ d'usine »*** ou ***« marchandise prise en nos locaux »*** dans laquelle c'est à l'acheteur d'organiser le transport.

De la même manière, le contrat de vente peut aussi mentionner si la vente est :

- ***« en port payé »*** : dans ce cas, les frais de port sont pris en charge par le vendeur ;

- ou ***« en port dû »*** : les frais de port sont alors pris en charge par l'acheteur.

C. L'obligation de garantie

En matière de garantie, le vendeur a une double obligation.

1. La garantie contre l'éviction

Selon l'article 1626 du Code civil, *« Quoique lors de la vente il n'ait été fait aucune stipulation sur la garantie, le vendeur est obligé de droit à garantir l'acquéreur de l'éviction qu'il souffre dans la totalité ou partie de l'objet vendu, ou des charges prétendues sur cet objet, et non déclarées lors de la vente. »*

Le vendeur doit donc assurer à l'acheteur la possession paisible de la chose vendue et à ce titre doit protéger l'acheteur contre tout trouble commis par un tiers qui prétendrait avoir des droits antérieurs sur la chose vendue.

2. La garantie de conformité du bien

Elle passe d'abord par **la garantie de délivrance conforme**. En effet, selon l'article L 217-4 du Code de la consommation, *« Le vendeur livre un bien conforme au contrat et répond des défauts de conformité existants lors de la délivrance. Il répond également des défauts de conformité résultant de l'emballage, des instructions de montage ou de l'installation lorsque celle-ci a été mise à sa charge par le contrat ou a été réalisée sous sa responsabilité. »*

Le consommateur est alors libre de choisir soit le remplacement soit la réparation du bien même si le vendeur peut imposer la solution la moins coûteuse. Il peut aussi rendre le bien et se faire restituer le prix tout en demandant des dommages et intérêts.

Par ailleurs, elle passe aussi par **la garantie contre les vices cachés**. Ainsi, selon l'article 1641 du Code civil, *« Le vendeur est tenu de la garantie à raison des défauts cachés de la chose vendue qui la rendent impropre à l'usage auquel on la destine, ou qui diminuent tellement cet usage que l'acheteur ne l'aurait pas acquise, ou n'en aurait donné qu'un moindre prix, s'il les avait connus. »*

Pour engager une action en justice en garantie contre les vices cachés, certaines conditions doivent néanmoins être respectées.

Le vice doit ainsi être :

- **antérieur à la vente et rendre la chose impropre à son usage** (nécessité d'un trouble grave) ;

- **caché** (c'est-à-dire non apparent et inconnu à l'acheteur).

La preuve du vice caché incombe à l'acheteur et l'action doit être intentée dans un délai de deux ans à compter de la découverte du vice.

L'acheteur peut demander au choix soit la résolution ou résiliation de la vente soit la réduction du prix. Des dommages et intérêts peuvent aussi être alloués si le vendeur connaissait le vice.

La sanction des vices cachés s'applique dans tous les contrats de vente alors que la garantie de conformité ne concerne que les contrats entre professionnels et consommateurs.

D. L'obligation de sécurité

Pour les ventes entre professionnels et consommateurs, l'art. L 222-1 du code de la consommation prévoit que : *« les produits et les services doivent, dans des conditions normales d'utilisation présenter la sécurité à laquelle on peut légitimement s'attendre et ne pas porter atteinte à la santé des personnes »*.

Le vendeur est responsable du dommage que la chose, utilisée dans des conditions normales, peut causer à l'acheteur ou à des tiers.

Une loi de 1998 sur les produits défectueux a transposé une directive européenne de 1985 et a prévu une protection des victimes de dommages causés par un produit défectueux.

Cette loi instaure un régime spécifique de responsabilité pour permettre une meilleure indemnisation des victimes. En effet, il s'agit d'un cas de responsabilité sans faute où l'existence d'un simple défaut du produit et d'un dommage suffit.

III. Les obligations de l'acheteur

A. L'obligation de retirement

Il s'agit en fait de l'obligation pour l'acheteur de réceptionner la chose. A défaut de retirement dans les délais, le vendeur peut alors :

- refuser d'exécuter ses propres obligations (on parle alors de la technique de l'exception d'inexécution) ;

- demander l'exécution de la vente ;

- demander la résolution de la vente pour remettre le bien en question à la vente.

B. L'obligation du paiement du prix

L'acheteur doit payer le prix aux jour et lieu prévus par la vente. Ce paiement peut avoir lieu dès la conclusion du contrat (vente au comptant) ou postérieurement à la vente (vente à crédit).

En principe, une fois le prix déterminé ou déterminable, le délai de paiement ne peut dépasser 60 jours à compter de la date d'émission de la facture. Une vente en plusieurs échéances est également possible (vente à tempérament).

Si l'acheteur ne paie pas le prix, le vendeur peut demander la résolution de la vente. En cas de vente au comptant, le vendeur pourra même retenir la chose jusqu'au paiement s'il n'a pas encore livré la chose (on parle alors du droit de rétention).

En pratique, il est possible aussi de demander au vendeur le paiement d'une avance sur le prix. On distingue ainsi :

- **Les arrhes**

Il s'agit d'une somme d'argent imputable sur le prix total, versée par le débiteur au moment de la conclusion du contrat et constituant un moyen de dédit. Ainsi, les arrhes sont perdues si le débiteur revient sur son engagement.

- **L'acompte**

Il s'agit du paiement partiel qui est imputé sur le montant d'une dette. Dans ce cas, il n'est plus possible de se dédire car la vente est considérée comme ferme et définitive.

Section 3 – L'encadrement spécifique des ventes à distance

Il s'agit des cas de vente par Internet, correspondance, téléachat, ou téléphone.

En 2014, la loi HAMON sur la consommation est venue encadrer strictement ces ventes à distance en imposant un certain nombre d'obligations (en plus des conditions générales de validité d'un contrat).

On peut citer par exemple :

- **l'obligation générale d'information précontractuelle** (ex. : identité, coordonnées du professionnel, modalités de paiement et de livraison, SAV, garanties…) ;

- **l'obligation de prévoir un formulaire type de rétractation ;**

- **l'obligation de prévoir la date et le délai de livraison ou d'exécution du service** (à défaut le professionnel doit livrer le bien ou exécuter la prestation sous les 30 jours) ;

- **l'obligation de respecter un délai de rétractation de 14 jours** à compter de la réception du bien sauf dans certains cas exceptionnels (ex. : vente de denrées alimentaires, de services de transports, de restauration, d'hôtellerie…) ;

- **l'obligation de respecter un délai maximal de remboursement de 14 jours** (après la rétractation)…

Chapitre 4 – Les structures juridiques commerciales

En pratique, pour exercer leur activité, les commerçants ont la possibilité d'opter pour deux grandes formes juridiques d'entreprise.

Section 1 – Les entreprises non sociétaires

Il s'agit de structures qui ne disposent pas de la personnalité juridique. On peut en distinguer deux types.

I. L'entreprise individuelle

A. Définition

On parle d'entreprise individuelle quand l'entreprise est exploitée par une personne physique seule, sans constitution de société au préalable. On dit encore que l'activité est exercée « en nom propre » ou « en nom personnel ».

Il s'agit le plus souvent d'artisans, de commerçants, d'agriculteurs voire de certaines professions libérales.

Environ 70 % des créateurs d'entreprise choisissent d'exercer leur activité en sous cette forme (dont 50 % sous le régime du micro-entrepreneur).

Cette forme juridique est à conseiller lorsque les risques de l'activité sont peu importants et les investissements limités.

B. Conséquences du statut

1. Les avantages

- **La souplesse de création**

En effet, les formalités de constitution sont à la fois rapides (immatriculation auprès de la CCI ou de la chambre des métiers et de l'artisanat selon que l'activité est commerciale ou artisanale, ou simple déclaration à l'URSSAF lorsque l'activité envisagée est libérale) et peu coûteuses (aucune exigence de capital minimum).

- **La souplesse de gestion**

L'entrepreneur individuel est seul maître dans son entreprise, il a toute liberté pour diriger son affaire en disposant d'un pouvoir unique de décision. Par ailleurs, il n'a aucune obligation de publier ses comptes annuels.

2. Les inconvénients

- **Au niveau social**

L'entrepreneur individuel n'a pas le statut de salarié mais celui de travailleur indépendant (TI) ou de travailleur non salarié (TNS). Il cotise auprès du régime social des indépendants (RSI) mais n'est pas protégé contre le chômage (sauf s'il décide de souscrire une assurance privée en la matière).

- **Au niveau fiscal**

L'entrepreneur individuel est soumis à l'impôt sur le revenu des personnes physiques (IRPP). Il doit déclarer ses revenus dans la catégorie des bénéfices industriels et commerciaux (BIC). Ce qui peut parfois être contraignant quand il dépasse certaines tranches d'imposition.

- **Au niveau juridique**

La confusion des patrimoines personnel et professionnel découlant de l'absence de personnalité juridique de l'entreprise individuelle est risquée. En effet, l'entrepreneur est responsable sur la totalité de ses biens personnels des dettes qu'il contracte pour l'activité de son entreprise même si depuis la loi LME de 2008, il peut désormais mettre à l'abri tous ses biens fonciers (immobiliers) par une déclaration d'insaisissabilité notariée.

C. Le cas particulier du micro-entrepreneur (ex auto-entrepreneur)

Depuis la LME de 2008, il existe un nouveau statut juridique d'entreprise qui s'inspire de l'entreprise individuelle : l'auto-entrepreneur (micro-entrepreneur depuis 2016).

Ce statut peut être choisi pour exercer une activité commerciale, artisanale ou libérale (à titre principal ou secondaire) et dont le chiffre d'affaires annuel ne doit pas dépasser 170 000 € pour une activité commerciale et 70 000 € pour des prestations de services ou une activité libérale.

Le micro-entrepreneur bénéficie alors d'un régime de faveur :

- **une simple inscription en ligne** (à titre de déclaration d'existence) ;

- **une exonération de TVA** (pas de facturation ni de récupération de TVA sauf si le chiffre d'affaires dépasse 82 800 € ou 33 200€ selon l'activité) ;

- **un régime social simplifié ;**

- **un régime fiscal simplifié.**

II. L'entrepreneur individuel à responsabilité limité

A. Définition

Il s'agit d'un statut mis en place par la loi du 15 juin 2010 avec comme principale particularité la possibilité de créer un patrimoine spécifique concernant son activité. En pratique, on parle **du « patrimoine d'affectation ».**

Comme dans l'entreprise individuelle, l'entreprise et l'entrepreneur ne forme toujours qu'une seule et unique personne.

B. Conséquences du statut

1. Les avantages

L'EIRL possède les mêmes avantages que l'entreprise individuelle (à savoir la souplesse de gestion et de création) mais en plus elle permet désormais de n'engager que les biens qui seront affectés à son fonctionnement lors de la déclaration d'affectation.

A partir de sa publication (au RCS ou au RM selon l'activité), l'entrepreneur pourra ainsi opposer à ses créanciers cette déclaration et mettre à l'abri la quasi-totalité de son patrimoine privé.

Par ailleurs, dans l'EIRL, au niveau fiscal, il est aussi possible d'opter pour l'impôt sur les sociétés (IS) au lieu d'être soumis à l'impôt sur le revenu des personnes physiques (IRPP) dans la catégorie des bénéfices industriels et commerciaux (BIC).

2. Les inconvénients

- **Au niveau social**

L'EIRL demeure un travailleur indépendant ou travailleur non salarié. Par conséquent, il cotise auprès du régime social des indépendants (RSI) mais n'est pas protégé contre le chômage (sauf s'il décide de souscrire une assurance privée en la matière).

- **Au niveau comptable**

L'EIRL doit tenir une comptabilité autonome et doit publier annuellement son bilan (pour notamment actualiser la composition et la valeur du patrimoine affecté)

Section 2 – Les entreprises sociétaires

I. Définition d'une société

En vertu de l'article 1832 du code civil, « *La société est instituée par deux ou plusieurs personnes qui conviennent par un contrat d'affecter à une entreprise commune des biens ou leur industrie en vue de partager le bénéfice ou de profiter de l'économie qui pourra en résulter. Elle peut être instituée, dans les cas prévus par la loi, par l'acte de volonté d'une seule personne. Les associés s'engagent à contribuer aux pertes.* »

De cette définition, on peut donc dégager trois grands éléments pour qu'il y ait contrat de société :

- **la présence d'associés ou d'actionnaires** (sauf pour l'EURL et la SASU où il n'y a qu'un seul associé) ;

- **la mise en commun d'apports** (en numéraire, en nature ou en industrie) ;

- **le partage des bénéfices ou des pertes.**

Un quatrième élément a été ajouté par la jurisprudence : **« l'affectio societatis »**. Il s'agit d'un élément psychologique qui impose la volonté de collaborer, d'union entre les différents associés pour qu'il y ait véritablement un contrat de société.

II. Les principaux types de sociétés

Il existe de nombreuses formes de sociétés adaptées aux besoins des créateurs. Parmi elles, on peut en distinguer quatre principales.

A. La société à responsabilité limitée (SARL)

Il s'agit de la forme de société commerciale la plus couramment utilisée dans le cadre des petites entreprises réunissant plusieurs associés.

1. Les avantages

- Le montant du capital est librement déterminé par les statuts.

- La responsabilité des associés est limitée au montant de leurs apports. En cas de dettes, le patrimoine personnel des associés est donc protégé des créanciers.

- Deux associés suffisent pour former une SARL. Il peut y en avoir au maximum cent. Elle peut être constituée d'un associé unique, dans ce cas il s'agit d'une EURL.

- La SARL est soumise à l'impôt sur les sociétés (IS). Une exception pour les SARL de famille dans lesquelles il est possible d'opter pour l'IRPP.

- La possibilité pour le dirigeant d'avoir la couverture sociale des salariés (s'il est minoritaire ou égalitaire).

2. Les inconvénients

- Le fort encadrement par la loi qui entraine une certaine rigidité lors de la constitution de la société et dans son fonctionnement.

- Les statuts qui sont soumis à un formalisme rigoureux en comportant un certain nombre de mentions obligatoires.

- Une modification des statuts nécessite la mise en place d'une assemblée générale extraordinaire (avec une prise de décision à la majorité qualifiée c'est-à-dire renforcée)

- Le gérant majoritaire est considéré comme travailleur indépendant ou travailleur non salarié.

B. La société anonyme (SA)

Cette forme juridique de société est réservée aux entreprises importantes qui ont de grands projets.

1. Les avantages

- Les actionnaires voient leur responsabilité limitée au montant de leurs apports, ce qui limite les risques.

- Les actions sont facilement négociables et la cession est libre, ce qui permet aux actionnaires d'entrer et de sortir librement de la société.

- Cette structure instaure une certaine crédibilité aux yeux des investisseurs, ce qui permet de réunir d'importants capitaux grâce à des financements externes.

- La SA est soumise à l'IS. Une SA de moins de 5 ans néanmoins peut opter pour l'impôt sur le revenu des personnes physiques sous certaines conditions.

2. <u>Les inconvénients</u>

- Elle demande dès le départ des capitaux très importants. En effet, le montant du capital minimum est fixé par la loi à 37 000 euros.

- Sa structure est très lourde. La création nécessite la réunion au minimum de sept actionnaires, elle est souvent composée d'un conseil d'administration ou d'un directoire et d'un conseil de surveillance.

- Il faut respecter un formalisme très rigoureux lors de la constitution de la société qui va souvent nécessiter l'intervention d'un professionnel, ainsi qu'au cours de la vie sociale où un certain nombre de démarches sont obligatoires (obligation d'avoir un commissaire aux comptes par exemple).

C. La société par actions simplifiée (SAS)

C'est la dernière-née des sociétés de capitaux. Sa création correspond à un besoin des milieux d'affaires qui réclamaient une déréglementation de la SA.

1. <u>Les avantages</u>

- Elle est librement organisée par les associés qui vont déterminer les formes et les conditions de son fonctionnement dans les statuts de la société (la cession des actions n'est pas réglementée par exemple).

- Elle permet de limiter la responsabilité des associés à la hauteur de leurs apports.

- Il n'y a pas de capital minimum requis par la loi.

- Le président de la SAS relève obligatoirement du régime social des « assimilés-salariés ».

- Elle peut être fondée par un seul actionnaire. Elle devient alors une SASU.

- Elle est soumise au régime d'imposition des sociétés (et sous certaines conditions à l'impôt sur le revenu).

2. Les inconvénients

- Cette forte liberté contractuelle suppose une grande vigilance, notamment lors de la rédaction des statuts. Les associés doivent prévoir toutes les situations et rédiger des clauses très précises.

- Cette liberté peut devenir très dangereuse lorsqu'il y a une mésentente entre les associés.

D. La société en nom collectif (SNC)

C'est une forme de société de personnes très ancienne et beaucoup moins pratiquée aujourd'hui.

1. Les avantages

- Il n'y a pas de capital minimum exigé
- Elle doit être composée de deux associés au minimum.
- Elle est soumise à l'impôt sur le revenu ce qui permet une défiscalisation totale si elle bénéficie de mesures d'exonération d'impôt.

2. Les inconvénients

- Cette forme de société ne protège pas le patrimoine personnel des associés. Ces derniers sont en effet indéfiniment et solidairement responsables des dettes sociales sur leurs biens personnels.
- Il est difficile de quitter la société car la cession des parts ne peut se faire qu'avec l'accord des associés à l'unanimité (comme en principe toutes les autres décisions).

III. Les cas particuliers de structures juridiques

A. La société coopérative de production (SCOP)

C'est un coopérative exploitée sous forme de SA, SARL ou SAS et dont les salariés sont les associés majoritaires et détiennent au moins 51 % du capital social et 65 % des droits de vote.

Ces derniers sont ainsi réunis autour d'un même projet économique, de mêmes valeurs et s'impliquent donc totalement dans l'entreprise.

On applique ensuite le régime juridique classique du type de société choisie pour la SCOP.

Si tous les salariés ne sont pas associés, tous ont vocation à le devenir.

Dans une SCOP, il y a un dirigeant comme dans n'importe quelle entreprise. Mais celui-ci est élu par les salariés associés.

Par ailleurs, le partage du profit est équitable :

- une part pour tous les salariés, sous forme de participation et d'intéressement ;

- une part pour les salariés associés, sous forme de dividendes ;

- une part pour les réserves de l'entreprise, pour contribuer tout au long du développement de l'entreprise à consolider les fonds propres et à assurer sa pérennité.

Les coentrepreneurs sont donc rémunérés de leur travail et de leur apport en capital (qui à leur départ leur est remboursé).

B. Le groupement d'intérêt économique (GIE)

Il s'agit d'un instrument de coopération entre entreprises déjà existantes.

Concrètement, c'est une entité qui dispose d'une personnalité juridique mais qui n'est ni une société, ni une association.

Ainsi, le GIE :

- n'a pas vocation à réaliser des bénéfices (ce qui ne l'empêche pas d'en réaliser) ;
- peut être constitué sans forcément prévoir de capital social ;
- dispose d'une grande souplesse juridique.

Cette structure est en fait utilisée par des entreprises dans le but de conduire certaines opérations en commun. On peut donc considérer le GIE comme un groupement de moyens par la conclusion d'un simple contrat.

L'administration du GIE est organisée librement par ses membres. Il convient simplement de nommer un ou plusieurs membres en qualité d'administrateurs.

Les membres du GIE se réunissent en assemblée pour prendre toutes les décisions que le contrat du GIE a décidé d'attribuer à l'assemblée.

C'est également dans cet acte que les modalités de l'assemblée (majorité, organisation…) ou les conditions relatives à l'entrée de nouveaux membres dans le GIE, à leur sortie ou à leur éventuelle exclusion sont fixées.

L'éventuel solde bénéficiaire à la clôture de l'exercice comptable est réparti entre les membres suivant les modalités fixées dans le contrat du GIE. Le régime fiscal du GIE est semblable au régime des sociétés de personnes c'est-à-dire que le bénéfice est imposé directement entre les mains de ses membres.

Enfin, les membres sont responsables indéfiniment et solidairement des dettes du GIE.

C. La société européenne

Une loi du 26 juillet 2005 est venue confirmer la possibilité de créer en France une société européenne. Les articles L 229-1 et suivants du Code du commerce viennent ainsi fixer ses règles de fonctionnement.

La société européenne permet aux sociétés implantées dans plusieurs Etats de l'Union européenne de créer une seule entité juridique, mieux adaptée aux exigences du marché unique.

C'est un type de société anonyme régie par la législation européenne. Ainsi, le statut de société européenne offre les possibilités suivantes :

- une gestion simplifiée quand une entreprise exerce ses activités dans plusieurs pays de l'UE puisqu'elle peut alors regrouper ses activités sous une même dénomination européenne ;

- une plus grande mobilité dans le marché unique européen puisqu'il est possible de transférer son siège social dans un autre pays de l'UE sans devoir dissoudre la société ;

- un cadre pour l'implication du personnel (employé dans plusieurs pays) à la gestion de l'entreprise.

Depuis sa création, le statut de société européenne a été adopté par environ 2000 entreprises opérant dans plusieurs pays de l'UE afin de profiter des débouchés offerts par le marché européen.

Exercice d'application n°4

Travail à faire :

A partir de vos connaissances, vous répondrez aux différentes questions posées.

M. IXE exploite, en son nom propre, un fonds de commerce de lingerie fine. En effet, depuis une dizaine d'années, il vit de l'achat d'articles en Chine et de la revente en France.

1/ Quel est le statut de M. IXE ? Justifiez votre réponse.

Auparavant, sa femme, enseignante en économie et gestion dans un lycée, n'intervenait pas dans son activité mais souhaiterait désormais participer à celle-ci, notamment pour décharger son époux de la comptabilité et de la facturation. Celui-ci n'y voit aucun inconvénient mais il ne voudrait pas que son épouse soit obligée de répondre des dettes qui pourraient résulter de l'exploitation du fonds.

2/ De quelle manière M. IXE pourrait-il faire participer son épouse à l'activité ?

3/ Les craintes de M. IXE au sujet des éventuelles dettes que sa femme devrait supporter sont-elles justifiées ?

M. IXE souhaiterait développer son activité en vendant ses articles sur Internet. Il a lu dans un article récent que la vente à distance avait le vent en poupe mais qu'elle était soumise à un certain nombre de contraintes juridiques.

4/ Quelles sont les grandes règles à respecter en la matière ?

M. IXE n'est pas propriété des murs de son fonds de commerce, il a conclu un bail commercial avec M. YGREC, le propriétaire. Cette situation l'inquiète car son bail de 9 ans arrive bientôt à son terme.

5/ Rappelez les droits de chaque partie à un contrat de bail commercial.

PARTIE 5
DROIT DU TRAVAIL

Chapitre 1 – Le cadre juridique du travail

L'entreprise est souvent un lieu de conflits en matière de travail, puisque les intérêts des salariés sont parfois en contradiction avec ceux de leur employeur.

Le droit du travail tente de résoudre ces éventuels antagonismes en encadrant la relation de travail.

Section 1 – La définition du droit du travail

Le droit du travail, c'est l'ensemble des règles applicables aux relations entre les employeurs privés et ceux qui travaillent « sous leur subordination » en contrepartie d'une rémunération appelée « salaire ».

De cette définition, il est possible de dégager un champ d'application du droit du travail.

I. Les critères du travail salarié

Trois critères doivent être réunis pour qu'il y ait travail salarié et que le droit du travail puisse s'appliquer. Il faut ainsi :

- **une prestation de travail effective ;**
- **un lien de subordination ;**
- **une rémunération (« salaire »).**

En pratique, le lien de subordination est le critère qui pose le plus souvent problème.

Un « faisceau d'indices » devra être réuni pour prouver que le «salarié » est bien placé sous l'autorité de « l'employeur » dans le travail qu'il exécute c'est-à-dire qu'il est soumis à ses ordres et instructions.

On peut pour cela se poser les questions suivantes pour savoir si nous sommes en présence d'un travail salarié ou indépendant :

- *le travailleur est-il soumis à des horaires qu'on lui impose ?*
- *le travailleur doit-il respecter un lieu de travail précis ?*
- *le travailleur est-il propriétaire de ses moyens de travail ?*
- *le travailleur est-il soumis à un pouvoir de contrôle et de sanction d'une autre personne ?...*

II. Les bénéficiaires du droit du travail

Le droit du travail s'applique :

- **aux salariés du secteur privé ;**
- **aux salariés des établissements publics industriels et commerciaux** (tels que la RATP ou les ports autonomes).

Par contre, il ne s'applique pas :

- **aux fonctionnaires ;**
- **aux bénévoles ;**
- **aux travailleurs indépendants** (ex. : artisans, commerçants, professionnels libéraux...).

<u>Section 2</u> – Les sources du droit du travail

Le droit du travail tire son origine dans divers types de sources qui sont soit internationales ou communautaires, soit nationales.

I. Les sources internationales

L'Organisation Internationale du Travail (OIT) créée en 1919 édicte un certain nombre :

- **de conventions** (ex. : en 1951 sur la liberté syndicale) ;
- **de recommandations** (ex. : en 1925 sur les maladies professionnelles) ;
- **de déclarations** (ex. : en 1978 sur l'abolition du travail des enfants).

Ces textes sont appliqués par tous les Etats qui les ont ratifiés.

II. Les sources communautaires

Elles sont aussi très nombreuses. Parmi les plus importantes, on peut citer :

- **la Charte sociale européenne de 1961 ;**
- **la Charte communautaire des droits sociaux fondamentaux des travailleurs de 1989 ;**
- **le traité de Maastricht de 1992** (notamment en matière de libre circulation des travailleurs)...

A côté de ces sources, il convient aussi de rajouter toutes les sources du droit communautaire dérivé (provenant des institutions européennes) tels que les règlements et les directives communautaires en matière de travail.

III. Les sources nationales

On peut distinguer ainsi :

- ***La Constitution de 1958, le Préambule de la Constitution de 1946 et la Déclaration des Droits de l'Homme et du Citoyen de 1789***

Il s'agit du « bloc de constitutionnalité » qui contient plusieurs principes relatifs au droit du travail comme par exemple : le droit de grève, le droit à la protection de la santé, le droit syndical…

- ***Les lois et les règlements***

Les lois ont pour but de fixer les principes fondamentaux du droit du travail tandis que les règlements (décrets ou arrêtés) ont pour but de préciser les modalités d'application des textes législatifs.

L'ensemble des mesures relatives au droit du travail sont rassemblés et codifiés (numérotés) au sein du code du travail qui contient **une partie législative** (articles précédés de la lettre « L ») et **une partie réglementaire** (articles précédés de la lettre « R »).

- ***La jurisprudence***

Il s'agit de l'ensemble des décisions prises par les tribunaux en matière de droit du travail (conseils de prud'hommes, cours d'appel et chambre sociale de la Cour de cassation).

Le rôle de la jurisprudence est d'interpréter les règles juridiques aux situations particulières voire de pallier le silence de la loi.

- ***Les conventions et les accords collectifs***

Il s'agit des textes issus de **la négociation collective** entre employeurs et syndicats salariés c'est-à-dire d'accords conclus entre les organisations syndicales patronales et les organisations syndicales de salariés reconnues comme représentatives et relatifs aux conditions d'emploi, de travail et aux garanties sociales.

En vertu de l'article L 2221-2 du code du travail, **la convention collective** a vocation à traiter de l'ensemble des matières liées aux conditions d'emploi et de travail et aux garanties sociales des salariés alors que **l'accord collectif** traite seulement « un ou plusieurs sujets dans cet ensemble ».

La différence entre les deux se situe donc au niveau de l'étendue de la portée du texte.

- ***Les normes patronales***

L'employeur dispose d'un pouvoir réglementaire, il peut donc développer des règles juridiques dans son entreprise. Il en est ainsi du règlement intérieur dans lequel sont fixées les règles en matière d'hygiène, de sécurité, d'horaires et de discipline.

- ***Les usages***

Un usage est une pratique généralisée, constante et fixe d'entreprise. C'est une source fragile car elle peut toujours être dénoncée par l'employeur qui doit alors respecter un délai de prévenance et informer individuellement et collectivement les salariés de la fin de l'usage.

- ***Le contrat de travail***

Il s'agit de la convention conclue entre un employeur et un salarié fixant les modalités de la relation de travail entre les deux parties. Ce contrat peut faire l'objet de clauses spécifiques venant encadrer la relation de travail comme une clause de non-concurrence ou de mobilité.

Il convient de rappeler qu'il existe **une « hiérarchie des sources de droit »** et que celle-ci doit être respectée. Ainsi, en principe, un contrat de travail doit respecter les éventuelles conventions ou accords collectifs, qui eux-mêmes doivent respecter les décrets, les lois et la Constitution sauf dans le cas d'accords dérogatoires exceptionnels. **Un accord dérogatoire** est un accord collectif dérogeant à une ou plusieurs prescriptions réglementaires. Il est donc possible, dans des cas cependant rares, de conclure des accords d'entreprise moins favorables que la loi ou un règlement.

Chapitre 2 – La conclusion du contrat de travail

La relation de travail commence par le respect d'une procédure de recrutement qui débouche ensuite sur l'élaboration d'un contrat de travail qui peut prendre plusieurs formes.

Section 1 – Le recrutement

I. Le principe de la liberté d'embauche et ses limites

En vertu de son pouvoir de direction, l'employeur est en principe libre de recruter les salariés qui lui semblent le mieux convenir au poste à pourvoir.

Cependant, cette liberté n'est pas absolue puisque la loi vient poser un certain nombre d'obligations. Ainsi, un employeur ne peut pas recruter :

- un mineur non libéré de l'obligation scolaire (moins de 16 ans) ;
- un travailleur étranger non ressortissant de l'UE qui ne serait pas titulaire d'un titre de séjour et de travail valide.

Par ailleurs, tout employeur occupant au moins 20 salariés est tenu d'embaucher au moins 6% de travailleurs handicapés.

Enfin, les salariés licenciés pour des raisons économiques bénéficient d'une priorité d'emploi durant un an à compter de leur licenciement

II. La sélection du candidat

Trois grandes règles viennent encadrer la procédure de sélection afin de respecter les libertés individuelles et les droits fondamentaux des candidats.

A. La non-discrimination

En vertu de l'article L 1132-1 du Code du travail, une candidature ne peut pas être écartée du fait de certains critères comme le sexe, l'âge, le handicap, l'origine, l'état de santé, l'apparence physique, les opinions politiques, les activités syndicales…

La règle est identique lors d'une recherche de stage ou d'un licenciement.

B. La pertinence des informations demandées

Les informations demandées doivent présenter un lien direct et nécessaire avec l'emploi proposé tout comme les méthodes recrutement. Les questions sur la vie privée sont ainsi interdites.

C. La transparence des techniques de recrutement

Le candidat à l'embauche doit être informé des techniques de recrutement utilisées avant leur mise en œuvre. Les résultats doivent rester confidentiels. Ils sont communiqués seulement aux salariés.

III. La promesse d'embauche et l'engagement des parties

Les tests de sélection et les pourparlers entre un candidat et l'employeur peuvent déboucher sur une promesse d'embauche. Formalisée par une lettre d'embauche, elle traduit un engagement ferme des parties qui devra donc être respecté.

Elle doit contenir certains éléments obligatoires comme le lieu de travail, la description du travail, le salaire, la durée du travail…

Section 2 – L'élaboration du contrat de travail

La conclusion d'un contrat de travail est d'abord soumise au respect de l'article 1128 du code civil sur les conditions générales de validité d'un contrat (notamment en matière de capacité et de consentement). Ensuite, le contrat de travail peut prendre différentes formes selon que la relation de travail est stable ou précaire.

I. Le contrat de travail à durée indéterminée (CDI)

A. Définition

Il s'agit du contrat de travail de droit commun sans terme fixé et qui peut être à temps complet ou à temps partiel.

En principe, aucun écrit n'est obligatoire (contrat consensuel). Cependant, en pratique, un écrit est très souvent rédigé notamment à titre de preuve.

Il convient de noter qu'en l'absence de trace écrite, il y a présomption de contrat de travail en CDI à temps plein et sans période d'essai.

B. La période d'essai

C'est une période qui précède l'embauche définitive d'un salarié au cours de laquelle le contrat de travail peut être rompu par le salarié ou l'employeur sans motif ni indemnités.

Cette période doit être prévue au contrat (elle n'est pas obligatoire) avec des durées maximales légales.

Un délai de prévenance doit être respecté en cas de rupture (sinon cette dernière peut être qualifiée d'abusive et ouvrir droit à des dommages et intérêts).

C. Les clauses particulières

Il existe diverses clauses qui peuvent être insérées dans un contrat de travail.

- **La clause d'exclusivité**

Elle interdit au salarié d'exercer une autre activité professionnelle, pour son compte ou pour celui d'un autre employeur, pendant la durée de son contrat de travail.

Cette clause doit être justifiée et proportionnée par la tâche que doit accomplir le salarié dans le cadre de son contrat.

En cas de non-respect, l'employeur peut mettre en place une procédure disciplinaire qui peut aller jusqu'au licenciement pour faute selon les cas.

- **La clause de non-concurrence**

Elle a pour but de protéger les intérêts de l'entreprise en interdisant à un salarié de travailler pour le compte d'une entreprise concurrente de son ancien employeur ou s'installer à son compte à la fin de son contrat.

Pour être valable, elle doit respecter certaines conditions comme être justifiée par les intérêts légitimes de l'entreprise, être limitée dans le temps et dans l'espace, comporter l'obligation pour l'employeur de verser au salarié une contrepartie financière suffisante et tenir compte des spécificités de l'emploi du salarié et de la possibilité pour le salarié de retrouver un emploi.

- **La clause de mobilité**

C'est une clause par laquelle un salarié consent par avance à changer éventuellement de lieu de travail.

Pour être valable, elle doit aussi répondre à certaines conditions comme être rédigée avec précision (zone géographique d'application et délai de préavis obligatoires par exemple), être clairement acceptée et être mise en œuvre dans l'intérêt de l'entreprise.

- **La clause de discrétion ou de confidentialité**

C'est une clause par laquelle l'employeur vient protéger le secret professionnel et les secrets de fabrication de son entreprise. La diffusion non autorisée de certains éléments est même punie pénalement.

II. Le contrat de travail à durée déterminée (CDD) et le contrat de travail temporaire (CTT)

A. Les cas de recours encadrés par la loi

1. Les cas de recours autorisés

Ce sont les articles L 1242-2 (pour le CDD) et L 1251-6 (pour le CTT) du code du travail qui les énumèrent.

En pratique, les cas les plus courants sont :

1° Le remplacement d'un salarié (en cas d'absence par exemple) ;

2° L'accroissement temporaire de l'activité de l'entreprise ;

3° Les emplois à caractère saisonnier, dont les tâches sont appelées à se répéter chaque année selon une périodicité à peu près fixe.

2. Les cas de recours interdits

Les articles L 1242-1 (pour le CDD) et L 1251-5 (pour le CTT) du code du travail interdisent le recours au CDD pour pourvoir à tout emploi lié à l'activité normale et permanente de l'entreprise de façon durable, qui pourrait être assuré par un salarié en contrat de travail à durée indéterminée.

Le législateur vient aussi interdire le recours à un CDD ou à un CTT pour remplacer un salarié gréviste ou pour exécuter des travaux dangereux.

Enfin, une autre interdiction concerne l'entreprise ayant licencié des salariés pour motif économique. Ainsi, une telle entreprise ne peut pas, pendant six mois, procéder à une embauche par CDD ou à une embauche temporaire en raison d'un accroissement d'activité temporaire de l'entreprise.

B. Un régime juridique strict

Le CDD comme le CTT est soumis à certaines règles :

- contrat nécessairement écrit (solennel) avec des mentions obligatoires (durée, cas de recours…) ;
- contrat d'une durée maximum de 6 mois (renouvelable uniquement deux fois) ;
- obligation de prévoir une indemnité de précarité en fin de contrat (au minimum de 10% des salaires perçus) ;
- respect d'un délai de carence d'au moins un tiers de la durée du contrat (en cas de succession de salariés sur un contrat précaire)

- rupture du contrat impossible avant le terme fixé (sauf en cas de faute grave du salarié, d'accord des parties ou embauche du salarié en CDI)

C. *Les règles propres aux CTT*

Lorsqu'il ne veut pas recruter lui-même un salarié pour une courte période de travail, le chef d'entreprise peut s'adresser à une agence d'intérim.

Ce type d'établissement dispose de fichiers où figurent des demandeurs d'emploi prêts à accepter un contrat de mission, même bref, à exécuter dans l'entreprise qui leur sera désignée.

En pratique, l'intérim est mis en œuvre par deux contrats complémentaires :

- **un contrat de travail, dit « contrat de mission »,** entre le salarié et l'entreprise de travail temporaire ;

- **un contrat de service, dit « contrat de mise à disposition »**, entre l'entreprise de travail temporaire et l'entreprise utilisatrice du salarié.

L'employeur du salarié est l'entreprise de travail temporaire mais le lien de subordination va être transféré à l'entreprise utilisatrice par le contrat de mise à disposition.

Chapitre 3 – L'exécution du contrat de travail

Le droit du travail vient contrôler la bonne exécution du contrat de travail notamment à travers l'encadrement de la rémunération, de la durée du travail, de la formation, des différents pouvoirs de l'employeur, des conditions de travail ainsi que des libertés collectives des salariés.

Section 1 – La rémunération et de la durée du travail

I. La rémunération

Elle peut être composée de nombreux éléments.

A. Le salaire de base et ses périphériques

Le salaire de base est le salaire pour lequel le salarié a été embauché. C'est en fait celui qui figure dans le contrat de travail et que percevra le salarié. Il fait l'objet d'une négociation annuelle obligatoire.

Il est soumis à trois règles :

- **le principe d'égalité de rémunération hommes / femmes** (« à travail égal, salaire égal ») ;

- **le respect du minimum légal** (en France, aucune personne ne peut être rémunérée sous le SMIC) ;

- **le respect du minimum conventionnel** (accord collectif sur les salaires par exemple).

A côté du salaire de base, peuvent venir se greffer des périphériques tels que des avantages en nature (ex. : voiture ou logement de fonction, téléphone ou ordinateur professionnel…), des primes (ex. : de résultat, de nuit, de salissure, de pénibilité, de risque, 13ème mois…) et les heures supplémentaires (réalisées au-delà de la durée légale du travail).

B. Les autres éléments de la rémunération

Parmi les nombreux autres éléments de la rémunération, il est possible d'en distinguer quatre principaux.

1. La participation

Il s'agit d'un dispositif obligatoire à partir de 50 salariés. Les fonds acquis sont bloqués 5 ans (sauf exceptions) et sont exonérés d'impôt lors de leur distribution au personnel.

2. L'intéressement

Il s'agit d'un dispositif facultatif. Les sommes sont disponibles, mais elles sont imposées comme tout autre revenu.

3. Le plan d'épargne entreprise

Il s'agit d'un système collectif permettant aux salariés de participer, avec l'aide de l'entreprise, à la constitution d'un portefeuille de valeurs mobilières (ex. : actions de l'entreprise).

4. L'actionnariat salarié

C'est un dispositif qui vise à faire entrer durablement les salariés d'une entreprise dans le capital de cette dernière grâce à une offre réservée aux salariés (ORS) ou un plan d'attribution gratuite d'actions (PAGA).

II. La durée du travail

A. La durée légale de travail

Elle est fixée à :

- 35 heures par semaine quand la durée du travail est hebdomadaire ;
- 1607 heures quand elle est annuelle ;
- 218 jours si elle est fixée par une convention de forfait en jours.

B. La durée effective de travail

La durée du travail s'observe à partir de la notion de **temps de travail effectif** qui correspond en fait au temps pendant lequel le salarié est à la disposition de l'employeur et doit se conformer à ses directives sans pouvoir vaquer à ses occupations personnelles

Ainsi, en principe, ne doit pas être considéré comme temps de travail effectif : les temps de pause, de repas, d'habillage, de déshabillage, d'astreinte (hors intervention du salarié)…

C. La durée maximale de travail

Elle est fixée à :

- 10h (tout salarié doit disposer au minimum de 11h consécutives de repos) au niveau journalier ;
- 48h ou 44h en moyenne sur une période de 12 semaines consécutives au niveau hebdomadaire.

Des dérogations exceptionnelles peuvent néanmoins exister (notamment par convention ou accord collectif).

D. L'aménagement du temps de travail

1. Les heures supplémentaires

Il s'agit des heures effectuées au-delà de la durée légale ou conventionnelle hebdomadaire. La loi fixe ainsi un quota maximum d'heures supplémentaires de 220 heures par an et par salarié.

Au lieu de payer les heures supplémentaires de manière majorée, l'employeur peut accorder au salarié un temps de repos compensateur de remplacement (RTT).

	Taux de majoration salariale	**Temps de repos compensateur de remplacement**
De la 36ème à la 43ème heure	+ 25% par rapport à l'heure normale	1h15 par heure de travail supplémentaire effectuée
A partir de la 44ème heure	+ 50% par rapport à l'heure normale	1h30 par heure de travail supplémentaire effectuée

2. Les conventions de forfait

La convention de forfait est un document qui prévoit une durée du travail différente de la durée légale ou conventionnelle, sur la base **d'un forfait établi en heures** (sur la semaine, le mois ou l'année) **ou en jours** (sur l'année). L'accord du salarié est nécessaire.

Ce dernier n'est donc pas soumis au respect des durées maximales quotidienne et hebdomadaire de travail mais continue de bénéficier des garanties légales prévues en matière de repos quotidien et hebdomadaire, de congés payés et de jours fériés chômés dans l'entreprise.

III. Les congés

La loi pose comme principe que chaque salarié a droit à 2,5 jours par mois de travail effectif accompli entre le 1er juin de l'année N-1 et le 31 mai de l'année N (année en cours).

Cela revient au final à cinq semaines de congés annuels sur une durée de 12 mois. C'est l'employeur qui fixe l'ordre des congés payés qui doivent être pris au minimum en deux fois.

A côté des congés payés, il en existe d'autres exceptionnels *(ex. : pour maternité, paternité, décès, mariage, naissance...).*

Concernant les jours fériés, seul le 1er mai doit être obligatoirement férié et chômé.

Section 2 – La formation professionnelle

La formation professionnelle est un droit pour les salariés et une obligation pour l'entreprise. Depuis 2004, la loi prévoit que les entreprises d'au moins 20 salariés doivent consacrer 1,6% de la masse salariale à l'effort de formation. Les salariés du secteur privé ont accès à plusieurs dispositifs de formation.

I. Le plan de formation

Il s'agit de l'ensemble des actions de formation définies dans le cadre de la politique de gestion du personnel de l'entreprise. Les formations sont à l'initiative de l'employeur et ont lieu en principe sur le temps de travail.

Elles se répartissent au sein de deux catégories :

- *les actions d'adaptation au poste de travail ou liées à l'évolution ou le maintien dans l'emploi ;*

- *les actions de développement des compétences.*

II. Le compte personnel de formation (CPF)

Il est entré en vigueur au 1er janvier 2015 en remplacement du droit individuel de formation (DIF). Ce compte est ouvert dès l'entrée dans la vie active. Le salarié garde le bénéfice des heures acquises et non consommées en cas de changement de situation professionnelle ou de perte d'emploi.

Sauf conditions particulières, le compte est crédité de 24 heures par année de travail durant les cinq premières années puis de 12 heures par année de travail durant les deux années suivantes.

Pour toute formation réalisée dans le cadre du CPF en dehors du temps de travail, aucune autorisation de l'employeur n'est nécessaire et aucune allocation spécifique n'est allouée.

Par contre, si la formation se déroule pendant le temps de travail, le salarié doit demander l'accord de son employeur (qui peut refuser autant qu'il le veut) sauf en cas de validation des acquis d'expérience (VAE).

L'objectif est d'inciter davantage les salariés à se « reconvertir » en leur permettant de se former en dehors du temps de travail.

Depuis le 1er janvier 2017, le CPF est intégré dans le compte personnel d'activité (CPA) qui regroupe les droits acquis au cours de la vie professionnelle : formation, pénibilité et chômage.

III. Le congé individuel de formation (CIF)

Il permet à toute personne qui travaille de suivre des formations, au cours de sa vie, pour se qualifier ou encore développer ses compétences. Pour en bénéficier, le salarié doit justifier de deux ans d'ancienneté professionnelle (dont un an dans l'entreprise qui l'emploie au jour de sa demande).

La durée du CIF ne doit pas excéder une année pour les formations à temps plein ou 1200 heures pour les formations à temps partiel

L'employeur ne peut en aucun cas refuser un CIF (sauf ancienneté insuffisante). Il peut néanmoins différer le départ sous certaines conditions.

Le contrat de travail est suspendu durant le CIF et c'est l'OPACIF qui prend en charge tout ou partie des frais (salaire, formation, déplacements…)

IV. Le contrat de professionnalisation

Il s'adresse aux jeunes âgés de 16 à 25 ans, aux demandeurs d'emploi âgés de 26 ans et plus et aux bénéficiaires de certaines allocations ou contrats. Son objectif est de leur permettre d'acquérir une qualification professionnelle par une formation en alternance et un accompagnement individualisé.

La formation est dispensée par un organisme de formation ou par l'entreprise elle-même.

V. La période de professionnalisation

À ne pas confondre avec le contrat de professionnalisation, ce dispositif s'adresse uniquement aux salariés déjà inscrits dans l'effectif de l'entreprise.

La période de professionnalisation a pour objet de favoriser le maintien dans l'emploi de salariés sous contrat à durée indéterminée

Elle repose sur le principe de l'alternance, c'est-à-dire une succession de périodes d'activité et de formation pour atteindre un objectif de qualification déterminé au préalable.

Section 3 – Les différents pouvoirs de l'employeur

Le lien de subordination juridique créé par le contrat de travail place le salarié sous l'autorité de l'employeur qui dispose de trois grands pouvoirs que le droit du travail vient encadrer.

I. Le pouvoir de direction

Il s'agit du pouvoir de prendre les décisions pour organiser le fonctionnement de l'entreprise. Il est fondé sur le fait que le chef d'entreprise est propriétaire des moyens de production.

A ce niveau, on peut citer deux cas particuliers liés au développement des technologies de l'information et de la communication dans le monde du travail :

- **L'usage d'Internet et des boîtes mail**

Le principe est posé par l'article premier de la loi du 10 juillet 1991 sur le secret de ces correspondances privées (émises par mail au travail). Ainsi, l'employeur n'a pas le droit d'accéder aux dossiers personnels ni aux mails de ses salariés. Il dispose néanmoins d'un droit de surveillance sur ses salariés qui lui permet de vérifier le contenu de l'ordinateur sous réserve que les intérêts et le bon fonctionnement de l'entreprise l'exigent et que le salarié en soit informé.

- **L'usage des réseaux sociaux**

Il convient de rappeler une décision du conseil de prud'hommes de Boulogne-Billancourt (19/11/2010) qui a accepté comme moyen de preuve d'un licenciement pour faute grave une copie de propos échangés sur un réseau social (en l'espèce Facebook) entre salariés concernant leur entreprise.

Par conséquent, même s'ils sont libres de s'exprimer au sujet de leur entreprise, la prudence doit désormais être de mise pour les salariés.

II. Le pouvoir de réglementation

Il s'agit du pouvoir d'organiser les relations de travail dans l'entreprise en fixant certaines règles. L'employeur peut ainsi mettre en place :

- **des notes de service** affichées à l'intérieur de l'entreprise ;
- **un règlement intérieur** (obligatoire à partir de 20 salariés) qui sera soumis pour avis aux représentants du personnel et à l'inspection du travail (règles en matière d'hygiène, de sécurité, de discipline, d'horaires…).

A ce titre, il peut donc contrôler ses salariés mais il doit néanmoins respecter leur vie privée et ne pas s'immiscer dans leur vie personnelle du salarié.

Certaines conditions de travail peuvent imposer des contraintes aux salariés qui peuvent apparaitre comme des atteintes à leurs libertés individuelles.

Ainsi, un employeur peut imposer tenue vestimentaire imposée (pour les manutentionnaires ou les commerciaux par exemple).

Ces contraintes sont néanmoins autorisées à condition d'être **justifiées par la tâche à accomplir et proportionnées au but recherché** (c'est-à-dire répondre à un impératif professionnel).

C'est l'article L.1121-1 du Code du travail qui rappelle que *« nul ne peut apporter aux droits des personnes et aux libertés individuelles et collectives de restrictions qui ne seraient pas justifiées par la nature de la tâche à accomplir ni proportionnées au but recherché »*.

III. Le pouvoir de sanction

On parle aussi du pouvoir disciplinaire c'est-à-dire du pouvoir de sanctionner les salariés qui ne respectent pas le règlement intérieur ou les instructions de l'employeur.

Une sanction est une mesure qui peut affecter la présence du salarié dans l'entreprise, sa fonction, sa carrière ou sa rémunération.

En principe, les sanctions pécuniaires sont interdites (sauf si elles sont proportionnées à la faute commise). Ainsi, une retenue sur salaire équivalente à un jour de travail suite à une absence injustifiée lors d'une journée est licite.

On peut noter parmi les sanctions les plus courantes :

- **l'avertissement** (qui est une mise en garde officielle et notifiée par écrit à un salarié en faute) ;

- **le blâme** (qui est une sorte de « dernier avertissement » adressé au salarié déjà averti mais qui n'a pas cessé le comportement fautif) ;

- **la mise à pied** (qui est une suspension temporaire du contrat de travail sans rémunération donc) ;

- **le licenciement pour faute** (qui est la rupture du contrat de travail pour faute du salarié).

Dans tous les cas, un employeur ne peut pas sanctionner deux fois une même faute et aucun fait fautif ne peut entraîner à lui seul des poursuites au-delà d'un délai de deux mois à compter où l'employeur en a eu connaissance.

Sauf en cas d'avertissement où un simple écrit de l'employeur exposant les griefs suffit, une sanction entraîne le respect d'une procédure en trois temps : convocation, entretien et notification de la sanction.

Section 4 – Les conditions de travail

Le droit du travail intervient dans plusieurs domaines. En pratique, on peut en distinguer deux principaux.

I. L'hygiène et la sécurité dans l'entreprise

A. Les problèmes d'hygiène et de sécurité et leur prévention

Selon l'activité qu'ils exercent, les salariés sont soumis à des conditions d'hygiène et de sécurité variables.

Le domaine de l'industrie est ainsi plus particulièrement touché par les nuisances causées aux salariés (ex. : amiante, bruits nocifs, risques d'expositions à la chaleur, au froid ou même au danger…).

Le législateur est donc venu mettre à la charge de l'employeur une obligation générale de prévention, d'information et de formation des salariés pour assurer leur sécurité et protéger leur santé.

B. Les obligations de l'employeur

1. L'obligation de sécurité de l'employeur

En matière de sécurité, l'employeur a **une obligation de résultat** c'est-à-dire que sa faute sera présumée en cas d'accident pendant l'exécution du travail de son salarié.

S'il n'a pas su assurer cette sécurité, il s'expose à des sanctions civiles (dommages et intérêts) et pénales (amendes et peines prison).

Pire encore, s'il a négligé de prendre des précautions face à un danger qu'il aurait dû prévoir, **sa faute est qualifiée « d'inexcusable »** et les sanctions peuvent ainsi s'aggraver.

2. La mise en place d'un comité d'hygiène, de sécurité et des conditions de travail (CHSCT)

C'est un organe obligatoire dans les entreprises d'au moins 50 salariés.

Il est composé du chef d'entreprise, des représentants du personnel et du médecin du travail.

Le CHSCT a deux grandes missions :

- contribuer à la protection de la santé et de la sécurité des salariés ;
- améliorer les conditions de travail.

II. Le harcèlement

Avec la loi de modernisation sociale du 17 janvier 2002, la notion de harcèlement moral a été introduite dans le Code du travail.

Dès lors, aucun salarié ne doit subir les agissements répétés de harcèlement moral qui ont pour objet ou pour effet une dégradation des conditions de travail susceptible :

- de porter atteinte à ses droits et à sa dignité ;
- d'altérer sa santé physique ou mentale ;
- ou de compromettre son avenir professionnel.

Les sanctions sont alors de deux types :

- **au niveau civil** : le salarié peut demander l'entière réparation du préjudice subi et éventuellement l'annulation du licenciement ou de la démission le cas échéant ;
- **au niveau pénal** : le fautif encourt 1 an de prison (si harcèlement moral) et 2 ans (si harcèlement sexuel) avec une amende d'environ 15000 €.

Section 5 – Les libertés collectives des salariés

Il est possible de distinguer quatre grandes libertés collectives qui correspondent à quatre grands droits.

I. Le droit syndical

A. Le rôle des syndicats

Les syndicats sont des organismes de défense des intérêts professionnels des salariés dont le rôle est d'informer, de conseiller et de défendre.

Quand ils sont représentatifs, les syndicats sont aussi en charge de la négociation collective (signature de conventions et d'accords collectifs).

Pour exercer leur mission, les délégués syndicaux présents dans les entreprises disposent d'un crédit d'heure de délégation.

B. Le principe de la liberté syndicale

Proclamée en 1884, la liberté syndicale est un principe fondamental du droit français puisqu'il est inscrit dans la Constitution. Il signifie que tout salarié est libre d'adhérer ou non à un syndicat, de choisir son syndicat d'appartenance et de constituer lui-même un syndicat.

II. Le droit à la représentation

A. Dans les entreprises d'au moins 11 salariés

On parle des « **délégués du personnel** » qui ont pour mission de recueillir les revendications de salariés pour en faire part au chef d'entreprise

La loi impose d'ailleurs à ce dernier de les recevoir tous les mois et de répondre aux doléances qui sont exprimées.

Ils interviennent dans tout ce qui concerne le contrat de travail : conditions de travail, congés, horaires, temps de travail….

B. Dans les entreprises d'au moins 50 salariés

On parle du « **comité d'entreprise** » qui a un double rôle :

- **décisionnel** en matière sociale et culturelle *(ex. : organisation de sorties, d'activités culturelles ou sportives...) ;*
- **consultatif** en matière économique et financière *(ex. : choix des critères retenus pour établir un ordre de salariés lors d'un licenciement économique).*

Les délégués du personnel, les membres du CE, les délégués syndicaux et les membres du CHSCT sont considérés comme des « **salariés protégés** » en matière de licenciement.

En effet, pour pouvoir les licencier, leur employeur est contraint de demander l'autorisation préalable à l'inspection du travail.

Il convient de noter qu'une Ordonnance du 22 septembre 2017, relative à la nouvelle organisation du dialogue social et économique dans l'entreprise et favorisant l'exercice et la valorisation des responsabilités syndicales, prévoit la fusion des institutions représentatives du personnel (délégués du personnel, comité d'entreprise, comité d'hygiène, de sécurité et des conditions de travail entre autres) en une seule instance, **le comité social et économique**. Des décrets d'application restent à paraître.

III. Le droit à la négociation

Le droit du travail a prévu la mise en place de procédures de négociation collective. Il s'agit de l'ensemble des discussions entre les représentants des syndicats de salariés et les employeurs en vue de conclure une convention collective ou un accord collectif.

Par conséquent, le droit du travail ne résulte pas de la seule volonté du législateur mais aussi de la négociation collective avec les syndicats représentatifs des salariés (notamment en matière de rémunération, horaires, régimes spéciaux de retraite, congés...).

A. Les critères de représentativité d'un syndicat

En vertu de l'article L 2121-1 du code du travail, *« La représentativité des organisations syndicales est déterminée d'après les critères cumulatifs suivants :*

- *le respect des valeurs républicaines ;*
- *l'indépendance ;*
- *la transparence financière ;*
- *une ancienneté minimale de deux ans ;*
- *l'audience ;*
- *l'influence (caractérisée par l'activité et l'expérience) ;*
- *les effectifs d'adhérents*
- *et les cotisations. »*

B. Les niveaux de négociation

En pratique, on distingue trois niveaux de négociation :

- le plan professionnel ;
- le plan géographique ;
- le plan de l'entreprise.

Il convient de souligner que l'Ordonnance du 22 septembre 2017, prévoyant la mise en place du comité social et économique, vient accorder à ce dernier, en cas d'absence de délégué syndical dans l'entreprise, le pouvoir de conclure des accords collectifs.

IV. Le droit de grève

Dans le monde du travail, il n'est pas toujours possible d'éviter les conflits. Dans le pire de cas, ces derniers peuvent déboucher sur une grève (droit reconnu en France depuis 1864). L'essentiel est de leur trouver une solution rapide et satisfaisante pour tous en raison de leur coût aussi bien pour l'entreprise que pour les salariés.

A. Les conditions de licéité d'une grève

Face au silence aussi bien de la Constitution que de la loi, c'est la jurisprudence qui est venue poser certaines conditions au droit de grève comme la nécessité :

- **d'une cessation totale et franche du travail** (les grèves « perlées » ou du « zèle » sans cessation claire du travail sont illicites) ;

- **d'un motif professionnel** (les grèves justifiées par des considérations uniquement politiques sont illicites) ;

- **d'une action collective et concertée avec préavis obligatoire** (les grèves « surprise » sont interdites).

B. Les conséquences d'une grève

1. A l'égard des salariés grévistes

En principe, la grève ne rompt pas leur contrat de travail mais ne fait que de le suspendre. Ainsi, le salarié ne remplissant pas son obligation, l'employeur est dispensé de lui verser sa rémunération.

Cependant, en cas de faute lourde pendant la grève (ex. : participation à un piquet de grève avec des menaces à l'encontre des salariés non-grévistes, séquestration ou violences sur employeur…), le salarié gréviste peut alors être licencié sans préavis ni indemnités.

2. A l'égard des salariés non-grévistes

En principe, leur contrat de travail n'est pas suspendu c'est-à-dire qu'ils peuvent prétendre au paiement de leur salaire même s'ils ont été dans l'impossibilité d'accomplir leur travail.

Cependant, si l'employeur parvient à prouver la collusion frauduleuse des non-grévistes et des grévistes ou un cas de force majeure, il peut alors prononcer une fermeture provisoire de l'entreprise. On parle aussi de « lock-out »

Dans tous les cas, un gréviste ne peut être remplacé par un salarié en CDD ou en CTT.

Chapitre 4 – La rupture du contrat de travail

En pratique, il existe trois manières de rompre un contrat de travail :

- **la démission** (à l'initiative du salarié)
- **la rupture conventionnelle** (par accord amiable entre le salarié et l'employeur)
- **le licenciement** (à l'initiative de l'employeur)

Dans chacun des cas, des règles de fond et de forme doivent être respectées.

Section 1 – La démission et la rupture conventionnelle

I. La démission

Elle doit être :

- **libre** (aucune pression ou menace ne doit être exercée) ;
- **claire** (par écrit le plus souvent) ;
- **sans équivoque** (elle ne doit pas résulter d'une simple manifestation de colère ou d'une absence injustifiée).

Si la démission est contestée pour équivocité, le juge peut requalifier la rupture en un licenciement sans cause réelle et sérieuse.

Un préavis (fixé dans le contrat de travail ou dans la convention collective) doit être respecté.

Si le salarié ne le respecte pas, il peut être condamné au versement d'une indemnité. En effet, une démission abusive peut aussi ouvrir droit à des dommages et intérêts au profit de l'employeur.

II. La rupture conventionnelle

Depuis juin 2008, la loi autorise un salarié et son employeur à se quitter d'un commun accord. En pratique, on parle de « rupture conventionnelle du contrat de travail ».

L'initiative de cette procédure peut venir soit de l'employeur soit du salarié mais il ne doit exister aucun litige entre les deux.

Aucun motif n'est nécessaire. Il suffit simplement d'organiser un entretien pour négocier les conditions de départ (et notamment le montant des indemnités à verser au salarié).

Ces indemnités ne seront pas imposables et le salarié pourra dans le même temps percevoir une allocation chômage.

La procédure doit déboucher sur la signature d'une convention. Chacune des parties dispose d'un délai de rétractation de 15 jours.

A l'issue de ce délai, la convention doit être envoyée à la Direction départementale du travail et de l'emploi (DDTE) pour homologation (l'absence de réponse sous 15 jours vaut homologation tacite).

Depuis les Ordonnances Macron du 22 septembre 2017, il est aussi possible de négocier un accord collectif portant sur une rupture conventionnelle collective. Dans ce cas, seul l'employeur peut avoir l'initiative de la négociation. Les conditions qui doivent être remplies par les salariés pour être candidat sont fixées par l'accord en question. Ce dernier peut aussi prévoir les modalités de calcul de l'indemnité de licenciement et les éventuelles mesures visant à faciliter le reclassement des salariés. Ce mode de rupture ouvre droit à l'assurance chômage mais pas à la priorité de réembauchage qui existe dans le cadre d'un licenciement économique.

Section 2 – Le licenciement

La décision de licenciement est soumise à des règles spécifiques qui protègent les intérêts du salarié.

En pratique, il existe deux motifs de licenciement d'où découlent deux types de procédures.

I. Le licenciement pour motif personnel

A. Définition

C'est le licenciement motivé par des raisons qui tiennent à la personne du salarié.

Il s'agit la plupart du temps d'une faute du salarié (ex. : retards répétés, insubordination, injures, vol…). Mais, un fait non fautif peut aussi suffire (ex. : insuffisance professionnelle, maladie prolongée en cas de nécessité d'un CDI…).

B. Les conditions

1. Les conditions de fond

Le licenciement pour motif personnel doit reposer sur une cause :

- **réelle** (c'est-à-dire qui présente un caractère objectif) ;
- **et sérieuse** (c'est-à-dire qui présente une certaine gravité et rend impossible la poursuite de la relation de travail).

2. Les conditions de forme

Une procédure en trois étapes doit être respectée :

- **une convocation à un entretien préalable** par lettre recommandée avec accusé de réception (LRAR) ou remise en main propre (dans les deux mois du délit s'il s'agit d'une faute) ;

- **un entretien préalable** qui ne peut avoir lieu avant un délai cinq jours suivant la convocation ;

- **la notification du licenciement** par LRAR qui ne peut avoir lieu moins de deux jours après l'entretien préalable et au plus tard un mois après l'entretien.

Les délais permettent la réflexion et l'examen des raisons et motifs apportés dans la lettre de convocation et lors de l'entretien

C. Les obligations de l'employeur

1. L'obligation de respecter un préavis

Un délai de préavis doit être respecté avant le licenciement (sauf en cas de faute grave ou lourde du salarié). Celui-ci dépend de l'ancienneté du salarié (ex. : 2 mois si ancienneté supérieure à 2 ans).

La violation de ce droit constitue une « brusque rupture » pouvant entraîner une indemnisation pour le salarié

Toutefois, l'employeur peut choisir de verser « une indemnité compensatrice » en dispensant le salarié d'effectuer le préavis.

2. L'obligation d'informer la DDTE en cas de licenciement d'un représentant du personnel

Sont considérés comme « représentants du personnels » : les délégués du personnel, les membres du CE et du CHSCT mais aussi les délégués syndicaux.

Souvent opposés à leur employeur en raison de leur fonction spécifique, le droit a imposé afin de les protéger l'autorisation préalable de l'inspecteur du travail pour pouvoir les licencier.

Il en sera de même pour les futurs membres du comité économique et social.

3. <u>L'obligation d'indemniser le salarié</u>

L'indemnité légale est calculée à partir de la rémunération brute perçue par le salarié avant la rupture de son contrat de travail. En principe, elle ne peut pas être inférieure aux montants suivants :

- 1/4 de mois de salaire par année d'ancienneté pour les 10 premières années ;
- 1/3 de mois de salaire par année d'ancienneté à partir de la 11ème année.

L'ancienneté est calculée à partir du jour de la rupture du contrat, c'est-à-dire à la fin du préavis, même si celui-ci n'est pas exécuté. En cas d'année incomplète, l'indemnité est calculée proportionnellement au nombre de mois complets.

A côté de cette indemnité de licenciement, le salarié peut aussi toucher en fonction de la gravité de sa faute :

- une indemnité de préavis (si l'employeur le dispense du préavis) ;
- une indemnité de congés payés (si la salarié ne les avait pas encore pris).

Tableau synthétique sur les indemnités

Type de faute	**Licenciement possible ?**	**Indemnité de préavis ?**	**Indemnité de licenciement ?**	**Indemnités de congés payés ?**
Légère (ex. : un retard non justifié)	NON (avertissement ou blâme)			
Sérieuse (ex. : retards répétés ou absences injustifiées)	OUI	OUI	OUI	OUI
Grave (ex. : altercations, insubordination…)	OUI	NON	NON	OUI
Lourde (ex. : sabotage, violation de la confidentialité…)	OUI	NON	NON	NON

D. Les sanctions du licenciement irrégulier

1. En cas d'irrégularités sur la forme

Quand la procédure de licenciement n'est pas respectée, le législateur prévoit deux types sanctions :

- l'obligation de mettre en place une nouvelle procédure licite ;
- la condamnation à une indemnité équivalente au plus à un mois de salaire.

2. En cas d'irrégularités sur le fond

Si le licenciement ne repose pas sur une cause réelle et sérieuse, le licenciement est dit « abusif ».

Le salarié peut alors agir devant le conseil de prud'hommes qui peut :

- soit proposer la réintégration du salarié dans l'entreprise ;
- soit condamner l'employeur à verser au salarié une indemnité dont le montant dépend de son ancienneté (ex. : au minimum 6 mois de salaire si ancienneté supérieure à 2 ans).

II. Le licenciement pour motif économique

A. Définition

C'est le licenciement possible suite à une suppression ou transformation d'emploi voire une modification d'un élément essentiel du contrat de travail refusée par un salarié.

Dans tous les cas, il faut que cela fasse suite à des difficultés économiques ou à des mutations technologiques.

La loi El Khomri, dite loi Travail, est venue préciser dans quel contexte les difficultés économiques d'une entreprise sont bien constituées. Ainsi, pour une entreprise de moins de 11 salariés, un trimestre de baisse du chiffre d'affaires suffit tandis que dans les entreprises de 300 salariés et plus, quatre trimestres consécutifs de baisse du chiffre d'affaires sont nécessaires.

Selon la Cour de cassation, la réalité des difficultés économiques doit s'apprécier au niveau du groupe (et non de l'entreprise elle-même). En d'autres termes, une entreprise prospère peut licencier en raison des difficultés du groupe.

La Cour de cassation est venue ajouter en 1995 un autre motif : celui de la réorganisation en vue de sauvegarder la compétitivité de l'entreprise.

Les juges contrôlent néanmoins attentivement les licenciements économiques « boursiers » c'est-à-dire ceux qui n'ont pour but que de satisfaire les désirs des actionnaires.

B. Procédure

1. En cas de licenciement individuel pour motif économique

Trois étapes sont obligatoires :

- **une convocation** (par LRAR ou lettre remise en main propre à un entretien) ;

- **un entretien préalable** (qui ne peut avoir lieu dans les 5 jours qui suivent la convocation) ;

- **une notification du licenciement** (qui ne peut intervenir moins de 7 jours après l'entretien).

2. En cas de licenciement collectif pour motif économique

Si le licenciement économique concerne plus de dix salariés sur une période de trente jours, il n'y a pas d'entretien individuel avec les salariés. A la place, deux réunions de concertation avec les représentants du personnel ont lieu (en vue notamment d'arrêter les critères qui permettront de déterminer l'ordre des licenciements). Entre celles-ci, le projet de licenciement doit être notifié à l'inspection du travail.

C. Les obligations de l'employeur

1. La convention de reclassement personnalisé

Les salariés victimes de licenciement économique ont droit à une convention de reclassement personnalisé qui doit les aider à préparer leur réinsertion professionnelle. Cela leur permet de bénéficier d'actions de soutien psychologique, d'orientation, d'accompagnement, d'évaluation des compétences, de formation…

2. Le plan de sauvegarde de l'emploi

Dans les entreprises d'au moins 50 salariés, un plan de sauvegarde de l'emploi doit être proposé par le chef d'entreprise. Ce plan doit comporter des mesures telles que : le reclassement de salariés, un plan de formation, la réduction de la durée du travail, des créations d'activités nouvelles par l'entreprise, des actions favorisant le reclassement externe à l'entreprise…

3. <u>Les indemnités</u>

Le salarié licencié pour motif économique comme celui licencié pour motif personnel a droit à :

- **une indemnité compensatrice de préavis** (en cas de dispense d'exécution du préavis) ;

- **une indemnité de congés payés** (s'il n'a pas encore pris l'intégralité de ces derniers).

Une indemnité légale, calculée à partir de la rémunération brute perçue par le salarié avant la rupture de son contrat de travail, doit aussi être versée.

Comme en matière de licenciement pour motif personnel, elle ne peut pas, en principe, être inférieure aux montants suivants :

- 1/4 de mois de salaire par année d'ancienneté pour les 10 premières années ;

- 1/3 de mois de salaire par année d'ancienneté à partir de la 11ème année.

Chapitre 5 – Le règlement des conflits de travail

Les conflits du travail donnent lieu à des modes de règlement spécifiques selon qu'ils soient individuels ou collectifs.

Section 1 – Le règlement des conflits individuels du travail

C'est le conseil de prud'hommes qui est compétent pour les litiges d'ordre individuel entre les salariés et leur employeur, nés à l'occasion du contrat de travail (de sa conclusion jusqu'à son exécution et sa rupture).

I. L'organisation du conseil de prud'hommes

A. Les particularités

Les conseillers prud'homaux sont des juges non professionnels élus par les salariés et les employeurs (et non des magistrats fonctionnaires).

Ainsi, des conseillers employeurs et des conseillers salariés y siègent en nombre égal. Néanmoins, en cas de partage des voix, le conflit est tranché par un juge « départiteur » professionnel.

Ce système permet de respecter la parité salariés/employeurs et surtout de privilégier l'expérience des rapports au sein de l'entreprise.

B. Le statut des conseillers prud'homaux

Ils sont élus pour cinq ans et sont rééligibles.

Les conseillers prud'homaux salariés bénéficient aussi d'une protection spécifique en matière de licenciement (comme les représentants du personnel) puisque le législateur est venu imposer l'autorisation préalable de l'inspection du travail pour pouvoir les licencier.

En effet, un salarié devenu conseiller prud'homal est souvent absent de son entreprise, ce qui peut irriter son employeur, il convient donc de le protéger.

II. La procédure devant le conseil de prud'hommes

La juridiction prud'homale est composée de cinq sections spécialisées : industrie, commerce, agriculture, activités diverses et encadrement.

Devant le conseil de prud'hommes, on peut distinguer deux grandes phases procédurales.

1. <u>Première phase</u> : la conciliation

En principe, le conseil de prud'hommes tente de régler au préalable les différends par la voie de la conciliation (devant deux conseillers : l'un salarié et l'autre employeur)

Le bureau de conciliation s'efforce ainsi de trouver un accord en respectant les intérêts de chacun.

En l'absence d'accord ou en cas d'accord partiel, le bureau de conciliation renvoie l'affaire devant le bureau de jugement

2. <u>Deuxième phase</u> : le jugement

Le bureau de jugement est composé de quatre conseillers : deux salariés et deux employeurs. En cas de partage des voix, on fait appel à un juge départiteur professionnel.

La décision rendue par le bureau de jugement est susceptible d'appel.

Pour les jugements portant sur des affaires de moins de 4 000 €, l'appel n'est pas possible (ils sont rendus en dernier ressort). Seul le pourvoi en cassation est autorisé.

Pour les jugements supérieurs à 4000 €, l'appel est possible. Si l'une des parties n'est toujours pas satisfaite après cet appel, elle peut au final former un pourvoi devant la chambre sociale de la Cour de Cassation.

<u>Section 2</u> – Les conflits collectifs du travail

C'est le cas notamment lors d'une grève quand les salariés grévistes occupent l'entreprise ou que l'employeur estime que le conflit donne lieu à un mouvement illicite.

En pratique, il existe deux grands modes de règlement de ces conflits.

I. Les modes alternatifs de règlement des conflits (MARC)

Avant de saisir les tribunaux, quatre procédures peuvent être utilisées pour tenter de régler à l'amiable un conflit collectif.

- **La transaction**

Il s'agit d'un contrat écrit par lequel les parties, à l'amiable, mettent fin à une contestation née ou évitent une contestation à naître. C'est le cas par exemple avec la signature d'un protocole de fin de grève.

- **La conciliation**

Il s'agit d'une procédure par laquelle les parties font appel à un tiers « conciliateur » (ex. : commission régionale ou nationale de conciliation) qui aide les parties à se rapprocher.

- **La médiation**

Il s'agit d'une procédure pouvant être engagée par les parties elles-mêmes ou le ministre du Travail par laquelle un tiers « médiateur » va être choisi en vue de proposer des solutions pour résoudre un conflit.

- **L'arbitrage**

Il s'agit de l'accord des parties sur le choix « d'un arbitre » chargé de régler leur litige.

II. Les modes judiciaires de règlement des conflits

En principe, c'est le Tribunal de Grande instance (TGI) qui est compétent pour régler le litige sauf si un délit est commis durant la grève (ex. : atteinte à la liberté du travail des salariés non-grévistes, séquestrations, vols, dégradations...) où dans un tel cas, c'est le tribunal correctionnel qui peut être saisi.

Toutefois, ces juridictions ne sont pas compétentes pour régler le différend portant sur les revendications des grévistes. Seules les procédures alternatives peuvent mettre les parties d'accord.

Exercice d'application n°5

Extrait de l'arrêt de la chambre sociale de la Cour de cassation en date du 6 novembre 2001

Sur le moyen unique :

Attendu que Mme X., au service de la société Y depuis le 22 décembre 1989 en qualité de secrétaire, a été licenciée le 29 décembre 1992 après avoir refusé de suivre le nouveau règlement intérieur de son agence qui lui imposait une tenue correcte pour exercer son activité ; qu'elle a saisi le conseil des prud'hommes de Marseille le 29 mars 1993 afin d'obtenir des dommages-intérêts pour licenciement sans cause réelle et sérieuse ;

Attendu que Mme X. fait grief à l'arrêt attaqué (Cour d'appel d'Aix-en-Provence, 24 mars 1998) de l'avoir déboutée une nouvelle fois de sa demande en n'ayant pas recherché en quoi sa tenue n'était pas correcte pour l'exécution des tâches ;

Mais attendu que la restriction de la liberté individuelle de se vêtir est possible quand elle est justifiée par la tâche à accomplir et proportionnée au but recherché, que la cour d'appel, qui avait constaté que la salariée était en contact direct avec la clientèle de l'agence immobilière, a pu décider que la décision de l'employeur de lui interdire de se présenter au travail en survêtement était justifiée et que le refus de s'y soumettre constituait un acte d'insubordination pouvant motiver son licenciement, a donc légalement justifié sa décision ;

PAR CES MOTIFS

REJETTE le pourvoi

Extrait de l'article L.1121-1 du Code du travail

« Nul ne peut apporter aux droits des personnes et aux libertés individuelles et collectives de restrictions qui ne seraient pas justifiées par la nature de la tâche à accomplir ni proportionnées au but recherché ».

A l'aide des annexes et de vos connaissances, vous répondrez aux questions suivantes :

1/ Qualifiez juridiquement les faits.

2/ Posez le problème de droit.

3/ Présentez la procédure de cette affaire en complétant le tableau ci-dessous.

	Juridiction	**Demandeur**	**Défendeur**	**Solution**
Premier juge				
Cour d'appel				
Cour de cassation				

4/ Comment la Cour de cassation a-t-elle motivé sa décision ?

5/ Quels sont les pouvoirs de l'employeur dont il est question dans cette affaire ? Justifiez votre réponse.

PARTIE 6

DROIT DES AFFAIRES APPROFONDI

Chapitre 1 – Les instruments de paiement et de crédit

Dans la vie des affaires, il est possible de distinguer deux grandes catégories d'instruments de paiement et de crédit.

Section 1 – Les instruments cambiaires

Les instruments cambiaires (appelés aussi « **effets de commerce** ») ne sont pas définis par la loi. Mais, la jurisprudence admet qu'il s'agit de titres négociables qui constatent au profit de leur porteur une créance de somme d'argent et servent à son paiement.

Parmi eux, on peut distinguer **la lettre de change** et **le billet à ordre** qui sont des instruments de paiement et de crédit ainsi que **le chèque** qui est essentiellement un instrument de paiement.

Le droit qui régit les effets de commerce est appelé « **droit cambiaire** ».

I. La lettre de change

A. Définition

La lettre de change, ou « traite », est un écrit par lequel une personne, appelée « **tireur** », donne à une autre personne, appelée « **tiré** », l'ordre de payer à une époque déterminée une certaine somme d'argent à une troisième personne, appelée « **bénéficiaire** » ou à l'ordre de celle-ci.

B. Mécanisme

La lettre de change est une opération à trois personnes qui se greffe sur une relation commerciale ou financière préalable entre le tireur et le tiré.

Ainsi, dans un premier temps, nous avons un rapport entre le tireur et le tiers bénéficiaire. En effet, le tireur est débiteur du tiers bénéficiaire par un rapport contractuel suite par exemple à une vente ou à une prestation. C'est le « **rapport fondamental** ».

Puis, dans un deuxième temps, le tiré (débiteur du tireur) reçoit l'ordre du tireur d'effectuer le paiement auprès du tiers bénéficiaire (ce dernier devient alors créancier du tiré). C'est le « **rapport cambiaire** » (c'est-à-dire celui créé par la lettre de change).

C. Création

Pour être licite, une lettre de change doit respecter certaines conditions au moment de sa création.

1. Conditions de fond

En vertu de l'article 1128 du Code civil, comme tout acte juridique, pour être valable, la lettre de change doit être émise par une personne qui en la capacité et qui a pu donner un consentement libre et éclairé.

Par ailleurs, la provision (créance de somme d'argent que possède le tireur sur le tiré) doit être **disponible** (c'est-à-dire exister au plus tard au moment de l'échéance), **certaine, liquide et exigible.**

2. Conditions de forme

En vertu de l'article L 511-1 du code de commerce, la lettre de change doit comporter un certain nombre de mentions obligatoires telles que :

- la dénomination « lettre de change » ;
- le mandat de payer une somme déterminée ;
- le nom du tiré (c'est-à-dire de celui qui doit payer la lettre de change) ;
- le nom du bénéficiaire (c'est-à-dire de celui à l'ordre duquel le paiement doit être fait) ;
- l'échéance de la lettre de change ;
- le lieu où le paiement doit s'effectuer ;
- la signature du tireur (c'est-à-dire de celui qui émet la lettre de change)…

En l'absence de l'une de ces mentions, on ne peut appliquer le droit cambiaire à une lettre de change. Cependant, la lettre de change incomplète pourra néanmoins valoir comme mode de preuve d'une créance en cas de litige.

Jusqu'au jour de sa présentation au paiement, la lettre de change peut toujours être régularisée.

D. Signataires

1. Le tireur

C'est celui qui est à l'origine de la lettre de change et signe obligatoirement cette dernière.

2. Le tiré

C'est celui qui doit payer la lettre de change. Il a la possibilité de signer cette dernière. Si tel est le cas, il procède ainsi **à l'acceptation**. Il s'agit d'un engagement ferme de payer la lettre de change à l'échéance.

Cela fait ainsi présumer l'existence de la provision. Le tiré ne peut plus alors invoquer aucune exception, pour refuser de payer.

E. Les opérations portant sur la lettre de change

1. L'aval

Dans certains cas, il peut aussi y avoir un « aval » c'est-à-dire un engagement pris par une autre personne de payer la lettre de change à l'échéance, si le tiré n'effectue pas le paiement. C'est en fait une forme cambiaire de « cautionnement ».

Cet engagement étant solidaire, le porteur ou le bénéficiaire peut se retourner directement contre l'aval afin d'obtenir le paiement.

En pratique, cet engagement est exprimé par la formule « bon pour aval » sur la lettre de change.

2. L'endossement

Sauf lorsque figure sur la lettre de change une clause « non à ordre », la lettre de change est transmissible par voie d'endossement et ce jusqu'à la date d'échéance. Cet endossement peut revêtir trois formes mais la plus courante est **l'endossement translatif** (celui qui vise à transférer la propriété de la lettre de change).

La lettre de change peut ainsi être transmise (en guise de paiement d'une dette), de porteur en porteur, jusqu'à l'échéance.

Concrètement, le nouveau porteur procède à son endossement en signant la lettre de change au dos.

Par sa signature, l'endosseur est engagé par la traite et est garant de celle-ci à l'égard du nouveau porteur, l'endossataire.

L'endossement translatif emporte des effets juridiques importants.

- **Il transmet tous les droits résultant de la lettre de change** c'est-à-dire le droit de demander l'acceptation, le paiement, de faire dresser protêt ou encore de procéder à un nouvel endossement. L'endossataire acquiert bien évidemment la provision.

- **L'endosseur est, sauf clause contraire, garant de l'acceptation du paiement** c'est-à-dire que l'endosseur doit payer lui-même la lettre de change si le tiré n'accepte pas ou ne paie pas.

- **L'endossataire bénéficie de la règle de l'inopposabilité des exceptions** selon laquelle les personnes actionnées en raison de la lettre de change ne peuvent pas opposer au porteur les exceptions fondées sur leurs rapports personnels avec le tireur ou avec les autres porteurs antérieurs, à moins que le porteur, en acquérant la lettre, n'ait agi sciemment au détriment du débiteur c'est-à-dire s'il est de mauvaise foi. Par conséquent, en principe, à chaque transmission, si le porteur est de bonne foi, il y a « purge des exceptions ».

3. L'escompte

C'est une opération de crédit à court terme par laquelle une lettre de change est transférée au banquier qui, en contrepartie, procède à son paiement immédiat, sous déduction des intérêts et d'une commission.

F. Le dénouement de la lettre de change

En principe, il s'opère au moment de son paiement qui doit normalement intervenir le jour de l'échéance de la lettre de change

Néanmoins, en cas de défaut de paiement, le porteur peut réaliser un recours en faisant d'abord **dresser un protêt** (acte authentique dressé par un notaire ou un huissier qui constate le défaut de paiement).

Ayant été diligent, le porteur peut ensuite exercer son recours cambiaire soit contre tous les signataires solidairement tenus envers lui soit contre un seul librement choisi.

En pratique, deux procédures sont envisageables :

1. La procédure d'injonction de payer

Il s'agit du dépôt d'une requête en injonction de payer auprès du président du tribunal de commerce. Ce dernier rend alors une ordonnance sans débat contradictoire (à la seule étude des pièces) qui sera ensuite signifiée par huissier au débiteur, qui a alors un mois pour faire opposition. Au-delà, l'ordonnance peut être exécutée par l'huissier.

2. Le référé de provision

Il s'agit d'une procédure rapide qui permet d'obtenir une provision, c'est-à-dire une avance à valoir sur le montant de la créance. La demande est portée par voie d'assignation par un huissier, à une audience tenue à cet effet. Le président du tribunal de commerce rendra alors une ordonnance de référé à l'issue d'un débat contradictoire.

Dans tous les cas, les actions cambiaires sont soumises à de courtes prescriptions. En effet, les délais varient de 6 mois à 3 ans parce ce que l'on considère que le porteur qui néglige trop longtemps de poursuivre le débiteur cambiaire a renoncé à exiger le paiement.

II. Le billet à ordre

A. Définition

Le billet à ordre est l'acte par lequel une personne, appelée « **souscripteur** », s'engage à payer une somme déterminée à une certaine échéance, à une autre, appelée « **bénéficiaire** » ou à son ordre.

B. Mécanisme

Le billet à ordre met en présence deux personnes (et non pas trois comme dans la lettre de change) : le souscripteur et le bénéficiaire. Le premier cumulant ainsi au regard du second les qualités de tireur et de tiré.

Par conséquent, comme c'est le tireur qui émet la lettre de change et le tiré qui la paye à l'échéance, l'émission du billet à ordre et son paiement incombent ici au seul souscripteur.

C. Régime juridique

1. Les dispositions identiques à la lettre de change

Pour une très large part, le législateur a encadré le billet à ordre en renvoyant tout simplement à la réglementation de la lettre de change. Sont ainsi applicables au billet à ordre les dispositions relatives à l'endossement, au paiement, aux recours cambiaires et à l'aval.

Ici, l'acceptation est inutile puisque c'est le souscripteur qui est lui-même obligé à l'échéance.

2. Les dispositions particulières par rapport à la lettre de change

Les mentions obligatoires sur le billet à ordre ne sont pas les mêmes que celles devant figurer sur la lettre de change. Ainsi, l'article L 512-1 du code de commerce précise que le billet à ordre doit contenir par exemple :

- la clause « à ordre » ;
- la promesse pure et simple de payer une somme déterminée ;
- l'indication de l'échéance et celle du lieu où le paiement doit s'effectuer ;
- le nom du bénéficiaire (celui auquel ou à l'ordre duquel le paiement doit être fait) ;
- l'indication de la date et du lieu où le billet est souscrit ;
- la signature du souscripteur (celui qui émet le titre)…

L'article L 512-2 du code de commerce rappelle que le titre dans lequel l'une de ces mentions fait défaut ne vaut pas comme billet à ordre.

La jurisprudence reconnaît néanmoins que le billet à ordre dont l'échéance n'est pas indiquée est considéré comme payable à vue.

De la même manière, à défaut d'indication spéciale le lieu de création du titre est réputé être le lieu de paiement et, en même temps, le lieu du domicile du souscripteur.

Enfin, le billet à ordre n'indiquant pas le lieu de sa création est considéré comme souscrit dans le lieu désigné à côté du nom du souscripteur.

D. Les billets à ordre spécifiques

Dans la pratique, il existe aussi des billets à ordre particuliers tels que :

- **le billet de fonds** (titre émis lors des ventes de fonds de commerce) ;
- **le billet au porteur** (titre par lequel le souscripteur s'engage à payer une certaine somme à toute personne qui, à l'échéance, en sera porteur) ;
- **le warrant** (billet à ordre garanti par un gage).

III. Le chèque

A. Définition

Il s'agit d'un titre par lequel une personne, appelée « **tireur** » ou « **souscripteur** », donne l'ordre à un établissement de crédit, appelé « **tiré** », de payer à vue une somme déterminée à une troisième personne, « **le bénéficiaire** » ou « **le porteur** » ou à son ordre.

B. Mécanisme

Il met donc en présence trois personnes : le tireur, le tiré et le porteur. Si le premier peut tirer un chèque sur le second, c'est parce qu'il en est créancier en raison du dépôt de fonds effectué auprès de lui préalablement. Et s'il émet au bénéfice du troisième, c'est parce qu'il est débiteur de celui-ci.

Le chèque émis par le tireur sur le tiré permet, au moyen du transfert de fonds qu'il autorise, d'éteindre l'obligation à laquelle est tenu le tireur au profit du porteur. Le chèque est donc un instrument normal de paiement dont l'usage est parfois même obligatoire (pour éviter les fraudes fiscales et faciliter les contrôles).

C. Création

Pour être licite, un chèque doit respecter certaines conditions au moment de sa création.

1. Conditions de fond

- **Concernant les parties**

Le tireur doit avoir la capacité juridique. Il ne doit donc pas par exemple être interdit bancaire (en cas d'émission de chèques sans provision) ou judiciaire (en cas de retrait ou d'opposition injustifiée ou de violation d'une interdiction bancaire par exemple).

Le tiré doit être forcément une banque ou un établissement de crédit assimilé qui avant de délivrer une formule de chèques doit procéder à un certain nombre de vérifications comme la consultation préalable du fichier des chèques impayés de la Banque de France.

- **Concernant la provision**

Il s'agit de la créance de somme d'argent du tireur sur la banque (tiré). Celle-ci doit être :

- **préalable** (c'est-à-dire exister au moment de la création du chèque) ;

- **suffisante** (c'est-à-dire que les fonds déposés doivent être supérieurs ou égaux au montant du chèque sauf cas de découvert autorisé) ;

- **disponible** (c'est-à-dire qu'elle ne doit pas être bloquée comme c'est le cas en cas de saisie)

2. Conditions de forme

Comme les autres effets de commerce, le chèque est un titre formel, comportant un certain nombre de mentions obligatoires en vertu de l'article L 131-2 du code monétaire et financier telles que :

- la dénomination de « chèque » ;
- le mandat pur et simple de payer une somme déterminée ;
- le nom du tiré (celui qui doit payer) ;
- l'indication du lieu où le paiement doit s'effectuer ;
- l'indication de la date et du lieu où le chèque est créé (une fausse date peut entraîner une amende fiscale pour « chèque « post-daté ») ;
- la signature du tireur (celui qui émet le chèque)...

A défaut, le chèque perd sa valeur cambiaire et ne vaut pas comme chèque, ce qui prive le porteur des éventuels recours cambiaires. Dans ce cas, le « chèque » n'est pas sans valeur car il peut néanmoins valoir comme ordre de paiement.

D. Opérations portant sur le chèque

1. L'endossement

Comme les autres effets de commerce, le chèque peut être endossé c'est-à-dire transmis sauf si la clause « non à ordre » ou « non endossable » a été apposée sur le chèque. L'endossement translatif d'un chèque obéit quasiment aux mêmes règles que l'endossement translatif d'une lettre de change.

2. Le paiement

Le chèque peut être présenté au paiement dès son émission puisqu'il est payable à vue. Cette présentation doit d'ailleurs intervenir dans un délai de huit jours à compter de la date d'émission sous peine de la perte des recours cambiaires.

Le tiré est obligé de le payer à échéance dans la limite de la provision même si le chèque est présenté hors du délai légal.

Le tireur ne peut pas en principe s'opposer au paiement du chèque sauf en cas de perte, de vol, d'utilisation frauduleuse et de redressement ou liquidation judiciaire du porteur. En dehors de ces cas, l'opposition n'est donc pas permise et peut même constituer de la part du tireur un délit de blocage de la provision. Par exemple, l'opposition est illicite si la marchandise achetée n'a pas été livrée.

L'opposition doit être confirmée par écrit. Le banquier ne peut pas refuser le paiement du chèque si l'opposition n'a pas été confirmée par écrit. Dans la pratique, beaucoup de tireurs ignorent ces règles. C'est pour cette raison que le législateur impose aux banques une obligation d'information en la matière.

E. Responsabilités encourues

Pour être réglé, le chèque doit être présenté au paiement. A cette occasion, la banque tirée doit effectuer diverses vérifications (absence d'opposition, régularité formelle, contrôle de signature, d'identité…).

Ces opérations peuvent s'accompagner d'un éventuel défaut de paiement (quand la provision n'existe pas ou n'est pas suffisante).

Dans ce cas, la banque ne peut pas payer le chèque et une procédure de traitement du défaut de paiement se met alors en place avec deux caractéristiques :

- **une procédure « dépénalisée »** : l'émission d'un chèque sans provision n'est pas en principe une infraction pénale (sanctions uniquement civiles comme l'interdiction de chéquier) ;

- **une procédure « déjudiciarisée »** : l'affaire sera traitée par la banque de France (et non les tribunaux classiques) en suivant certaines étapes (information, lettre d'injonction, certificat de non-paiement…).

Concernant les chèques faux et falsifiés, le banquier n'engage sa responsabilité que si l'on peut prouver qu'il a commis une faute. Il en est ainsi en cas de chèques falsifiés, ceux-ci ayant été valablement émis, mais ultérieurement altérés.

En revanche, si les chèques sont faux dès l'origine parce que la signature n'est pas celle du tireur, le banquier tiré qui le paie est responsable de plein droit, sans qu'aucune faute n'ait à être prouvée.

Le porteur d'un chèque sans provision dispose de recours cambiaires dirigés contre l'un quelconque des signataires du titre.

Section 2 – Les instruments non cambiaires

Il est possible d'en distinguer quatre majeurs.

I. La carte bancaire

A. Définitions

En pratique, il existe trois types de carte bancaire :

- **la carte de retrait** (qui permet de retirer les fonds notamment auprès de distributeur automatique de billets) ;

- **la carte de paiement** (qui autorise les clients à payer un créancier) ;

- **la carte de crédit** (qui implique une ouverture de crédit liée à la délivrance de la carte à débit différé).

Une carte de retrait peut aussi être par la même occasion une carte de paiement ou de crédit.

B. Réglementation

L'utilisation des cartes bancaires peut donner lieu à des incidents pouvant résulter :

- **du comportement du porteur**

C'est notamment le cas du refus de restituer une carte bancaire et de continuer à l'utiliser (abus de confiance) ou de la fausse déclaration de perte ou vol (escroquerie)

- **du comportement d'un tiers**

C'est le cas de l'utilisation frauduleuse en cas de vol par exemple.

Face à cela, deux types de dispositif ont été mis en place pour sécuriser les paiements par carte bancaire.

1. <u>Les vérifications obligatoires avant paiement</u>

Il appartient à l'émetteur de la carte de vérifier certaines informations avant de valider la transaction.

Un arrêt de la chambre commerciale de la Cour de cassation en date du 6 février 2007 est ainsi venu condamner une banque pour avoir payé des retraits très fréquents en peu de jours dépassant largement le solde débiteur accordé alors que la carte avait été volée.

2. <u>L'opposition</u>

En principe, le porteur de la carte doit faire preuve de vigilance en gardant notamment secret son code confidentiel car l'ordre de payer est normalement irrévocable.

Cependant, il peut toujours faire opposition mais uniquement en cas de pertes, vols, détournements ou utilisation frauduleuse de données.

L'opposition doit être formulée « sans tarder ».

Si elle est effectuée par téléphone, dans l'urgence, elle doit être confirmée par écrit.

A partir de l'opposition, la responsabilité du porteur est dégagée pour les opérations postérieures.

C'est l'article L 133-19 du code monétaire et financier qui vient encadrer les différentes situations en l'espèce et qui prévoit par exemple *« qu'en cas d'opération de paiement non autorisée consécutive à la perte ou au vol de l'instrument de paiement, le payeur supporte, avant l'information prévue à l'article L. 133-17, les pertes liées à l'utilisation de cet instrument, dans la limite d'un plafond de 150 euros. »*

II. Le virement

A. Définition

L'ordre de virement est un instrument de transfert de fonds ou de valeurs. Il n'est pas en effet seulement un instrument de paiement, il sert aussi à la transmission des titres dématérialisés, tels que les valeurs mobilières par inscription en compte.

B. Réglementation

Il convient d'abord de distinguer **l'ordre de virement** (instruction donnée au banquier d'opérer le transfert de fonds) et **l'opération de virement** (réalisation du transfert qui se traduit par l'inscription au débit du compte du donneur d'ordre et l'inscription au crédit du compte du bénéficiaire).

Le donneur d'ordre peut ainsi révoquer un ordre de virement tant qu'il n'y a pas inscription de l'opération au débit du compte.

A compter de l'inscription, l'ordre de virement devient irrévocable, mais cette inscription ne vaut pas paiement. Ce dernier n'aura lieu qu'à compter de l'inscription au crédit du compte du bénéficiaire.

Le banquier du donneur d'ordre n'effectuera l'opération qu'après avoir vérifié non seulement que l'ordre de virement émane bien du titulaire du compte ou de son mandataire et n'est ni faux ni falsifié mais aussi que la provision existe.

C. Situations particulières

1. L'avis de prélèvement

Il s'agit de la demande de paiement établie par le créancier avec l'accord du débiteur et adressée par le banquier du créancier, au banquier du débiteur pour obtenir le paiement de la créance.

Il repose sur la convention par laquelle le débiteur autorise son créancier à émettre des avis de prélèvement et son banquier à honorer les avis reçus.

2. Le titre interbancaire de paiement

Il s'agit d'un ordre de paiement écrit préétabli par un créancier et adressé au débiteur qui le renvoie signé et daté au centre de traitement des titres interbancaires de paiement (TIP) lequel procède au recouvrement sous la forme d'avis de prélèvement remis au banquier du débiteur.

Il s'analyse donc comme un ordre de virement à échéance.

III. Le bordereau de cession de créances professionnelles

Il s'agit d'un écrit par lequel une personne appelée **« le cédant »** transfère à un établissement de crédit (une banque le plus souvent), appelé **« le cessionnaire »** la propriété de créances professionnelles ainsi que les sûretés qui les garantissent.

En pratique, on parle plus couramment du bordereau « Dailly » qui peut être utilisé :

- **dans la cession à titre d'escompte** (le banquier avance immédiatement au cédant le montant des créances dont la propriété lui est transférée) ;

- **dans la cession à titre de garantie** (les créances sont cédées pour garantir le remboursement au banquier d'un crédit).

IV. L'affacturage

Il s'agit d'une opération de crédit au terme de laquelle une société financière appelée, **« facteur »,** paie moyennant rémunération, les factures clients émises par **« un adhérant »** et se charge ensuite d'encaisser les créances correspondantes.

Le facteur est donc subrogé dans les droits de l'adhérent et va encaisser les créances. C'est donc lui qui va supporter l'éventuel risque d'insolvabilité des débiteurs contrairement au bordereau Dailly.

Il est rémunéré au moyen d'une commission.

Section 3 – La responsabilité bancaire

Dans le monde des affaires, les crédits bancaires sont à la fois essentiels mais aussi parfois la principale cause des difficultés rencontrées par une entreprise. C'est pour cela que le législateur est venu les encadrer et a prévu deux grands cas dans lesquels une entreprise pourra engager la responsabilité de son banquier.

I. La rupture brutale de crédit

L'article L 313-12 du Code monétaire et financier affirme ainsi que : *« Tout concours à durée indéterminée, autre qu'occasionnel, qu'un établissement de crédit ou une société de financement consent à une entreprise, ne peut être réduit ou interrompu que sur notification écrite et à l'expiration d'un délai de préavis fixé lors de l'octroi du concours. Ce délai ne peut, sous peine de nullité de la rupture du concours, être inférieur à soixante jours.*

Dans le respect des dispositions légales applicables, l'établissement de crédit ou la société de financement fournit, sur demande de l'entreprise concernée, les raisons de cette réduction ou interruption, qui ne peuvent être demandées par un tiers, ni lui être communiquées. »

Par conséquent, la rupture de crédit est autorisée sous réserve que soient réunies les conditions légales (comme le préavis de 60 jours minimum) et que cette rupture ne soit pas discrétionnaire (obligation de motiver la décision prise).

La faute de la banque ouvre droit à une action en responsabilité au profit de l'entreprise victime dont le préjudice résulte souvent en pratique de la situation dramatique d'une entreprise condamnée à « l'asphyxie » par la banque.

II. Le soutien bancaire abusif

En principe, une banque n'a pas à s'immiscer dans les affaires de son client, ni à se substituer à ce dernier, elle ne peut donc être tenue responsable du risque commercial lié à la création d'entreprise.

Cependant, la qualité de l'emprunteur « profane » ou « averti » permet au tribunal d'apprécier différemment la responsabilité de la banque, dans le devoir d'information et de mise en garde.

A. A l'égard d'un emprunteur « averti »

Une banque n'est pas tenue à un devoir de mise en garde. Elle peut néanmoins engager sa responsabilité en cas de déficit d'information lors de l'octroi d'un crédit. Ce sera alors à l'emprunteur d'en rapporter la preuve.

B. A l'égard d'un emprunteur « profane »

Selon la jurisprudence, le banquier a une obligation de lui délivrer une mise en garde quant au caractère excessif du crédit. Ainsi, la banque doit s'assurer que le crédit est adapté, aux capacités de remboursement de l'emprunteur.

La banque doit donc faire preuve de diligence et se faire communiquer les documents comptables prévisionnels. Dans ce cas, la responsabilité de la banque est présumée. Ce sera à elle de prouver son absence de faute.

Dans tous les cas, quand une entreprise connaît des difficultés financières et fait l'objet d'une procédure collective, les juges cherchent à déterminer des responsabilités afin de pouvoir payer les créanciers et combler le passif.

La responsabilité de la banque peut alors être recherchée pour avoir octroyé un crédit excessif ayant contribué à précipiter le dépôt de bilan.

Pour engager la responsabilité civile de la banque et obtenir réparation (des dommages et intérêts), il sera nécessaire de démontrer que :

- la banque connaissait la mauvaise situation de son client ou qu'elle n'a pas effectué les vérifications nécessaires dans les comptes de l'entreprise ;
- la situation de l'entreprise était gravement compromise (et pas simplement difficile).

Chapitre 2 – Le droit des entreprises en difficultés

Quand une entreprise rencontre des problèmes pour payer ses dettes, on parle alors d'entreprise en difficultés. Avec la mondialisation de l'économie et le renforcement de la concurrence qui en découle, les cas de défaillance d'entreprises sont de plus en plus nombreux.

Le législateur est ainsi intervenu à plusieurs reprises (1984, 1985 et 2005) dans le but d'anticiper les difficultés de l'entreprise pour permettre la continuation de son activité. Le juge peut aussi mettre en place diverses procédures voire rechercher la responsabilité du dirigeant.

Section 1 – Les dispositifs de prévention des difficultés

La loi impose des informations obligatoires qui doivent permettre aux partenaires d'une entreprise de mieux connaître son évolution et donc d'anticiper les difficultés.

En pratique, la prévention passe trois grandes mesures.

I. L'information comptable

D'abord, en vertu de l'article L 123-12 du Code de commerce, les sociétés commerciales ont l'obligation de publier leurs comptes annuellement (ex. : bilan, compte de résultat et annexes). Cette **comptabilité rétrospective** permet de déceler la situation de l'entreprise.

En outre, pour les grandes entreprises, ce sont des comptes prévisionnels qui peuvent être exigés. Cette **comptabilité prévisionnelle** permet de diagnostiquer les difficultés à venir.

Ces documents sont disponibles pour toutes personnes intéressées (ex. : salariés, associés comme partenaires commerciaux).

Par ailleurs, **des expertises de gestion** peuvent aussi être demandées dans les grandes entreprises par les associés, le comité d'entreprise, le ministère public ou l'autorité des marchés financiers (pour les sociétés faisant appel public à l'épargne).

Enfin, les partenaires de l'entreprise peuvent à tout moment poser **des questions écrites aux dirigeants** sur les documents communiqués en vue d'une assemblée voire sur des faits de nature à affecter le devenir de l'entreprise.

II. Le droit d'alerte

Il a été institué par la loi de 1984, puis repris par la loi de 2005, pour mettre en place un dépistage précoce des difficultés. Il a pour but d'informer le chef d'entreprise sur les difficultés afin de prendre les mesures nécessaires pour y remédier.

Ce droit est laissé à l'appréciation de celui qui le déclenche pour *« des faits de nature à compromettre la continuité de l'exploitation »* (et en particulier la situation financière de l'entreprise).

En pratique, il peut être mis en œuvre :

- soit **en interne** (par le commissaire aux comptes, le comité d'entreprise ou les associés) ;
- soit **en externe** (par le président du tribunal de commerce).

L'objectif est en effet de faire réagir les dirigeants.

III. L'intervention des pouvoirs publics

A. Pour les entreprises de plus de 400 salariés

Il existe le comité interministériel de restructuration industrielle (CIRI).

Il a pour mission d'aider les entreprises en difficultés à élaborer et mettre en œuvre des solutions permettant d'assurer leur pérennité et leur développement

Il peut ainsi assurer une mission de médiation avec les différents partenaires de l'entreprise pour trouver des solutions permettant une relance de l'activité.

B. Pour les entreprises de moins de 400 salariés

Des comités départementaux d'examen des problèmes de financement des entreprises (CODEFI) ont été mis en place.

Ces comités sont une déclinaison du comité interministériel de restructuration industrielle (CIRI) au niveau départemental. Le CODEFI est l'interlocuteur privilégié des PME rencontrant des difficultés économiques.

Son champ d'activité se situe en amont des difficultés de l'entreprise, elle permet le financement d'un audit de l'entreprise et peut servir de médiateur entre l'entreprise et ses principaux créanciers (comme les administrations fiscale et sociale et les établissements bancaires). Un plan de règlement des dettes peut ainsi être établi et comporter des remises de pénalités.

Section 2 – Le traitement des difficultés

Plusieurs procédures judiciaires sont applicables avec des conséquences très différentes. Dans tous les cas, la notion essentielle à prendre en compte en matière de difficultés est celle de **« cessation des paiements ».**

Il s'agit en fait de la situation du débiteur qui est dans l'impossibilité de faire face à son passif exigible avec son actif disponible.

I. Les procédures en l'absence de cessation des paiements

A. Le mandat ad hoc

C'est une technique qui consiste à confier une mission particulière à une personne désignée par l'autorité judiciaire (un mandataire de justice)

La procédure s'effectue suite au dépôt d'une requête par l'entreprise elle-même :

- au président du tribunal de commerce si l'entreprise est commerciale ou artisanale ;
- au président du tribunal de grande instance (TGI) dans les autres cas.

Il désignera ensuite le mandataire ad hoc, pour une durée déterminée, qui aura pour mission de résoudre les difficultés rencontrées par l'entreprise. Il peut par exemple être amené à assurer la gestion de telle ou telle activité en raison d'une carence évidente.

Le dirigeant continue néanmoins à diriger son entreprise.

B. La conciliation

C'est une procédure (instaurée par la loi de 2005) par laquelle le président du tribunal de commerce ou du TGI, selon les cas, va nommer une personne « un conciliateur » dont la mission est la conclusion d'un accord amiable avec les créanciers en obtenant par exemple des délais de paiement ou exceptionnellement des remises de dettes.

Trois conditions doivent être réunies :

- l'entreprise doit être en difficulté avérée ou prévisible mais pas irrémédiable (au pire des cas, elle ne doit pas être en état de cessation des paiements depuis plus de 45 jours) ;
- la demande ne peut émaner que des dirigeants de l'entreprise ;
- la durée de conciliation est de 4 mois (prorogeable de 1 mois seulement).

C. La procédure de sauvegarde

C'est une procédure offerte (depuis la loi de 2005) à une entreprise qui n'est pas en état de cessation des paiements mais qui rencontre des difficultés qu'elle ne peut pas surmonter.

L'entreprise est placée sous la protection de l'institution judiciaire (tribunal de commerce ou TGI, le cas échéant) qui va suivre de près son administration avec la nomination d'un mandataire judiciaire pour assister le dirigeant.

Le jugement d'ouverture entraîne la suspension des poursuites individuelles. Là encore, seul le débiteur peut demander l'ouverture de cette procédure.

La procédure de sauvegarde débute par une période d'observation d'une durée maximum de 6 mois, renouvelable une fois.

Cette période d'observation a pour finalité de procéder au diagnostic économique et social de l'entreprise ainsi qu'à l'inventaire des éléments patrimoniaux du débiteur. Un plan de sauvegarde peut aussi être envisagé.

II. Les procédures judiciaires en cas de cessation des paiements

Lorsque l'entreprise est en état de cessation des paiements, elle n'a plus d'autre choix que de se soumettre volontairement ou de manière contrainte à une procédure de redressement ou de liquidation judiciaire.

A. La procédure de redressement judiciaire

Sont concernées toutes les entreprises qui se trouvent en état de cessation des paiements et dont la situation n'est pas définitivement compromise.

La procédure peut être ouverte à la demande :

- du débiteur au plus tard dans les 45 jours suivant la cessation des paiements par dépôt d'une demande au greffe ;
- d'un créancier par assignation devant le tribunal compétent ;
- du procureur de la République.

La procédure débute alors par **une période d'observation** de six mois maximum renouvelable, sans pouvoir dépasser 18 mois maximum. L'entreprise poursuit son activité et est alors gérée par l'administrateur judiciaire.

L'ouverture de la procédure entraîne la suspension des poursuites. Les créanciers doivent alors déclarer leurs créances, dans les 2 mois de la publication du jugement d'ouverture au BODACC, afin de pouvoir faire valoir leurs droits.

La période d'observation se termine par l'une des actions suivantes :

- la mise en place d'un plan de redressement ;
- la cessation partielle ou totale de l'activité ;
- l'ouverture d'une liquidation judiciaire si la situation de l'entreprise ne peut s'améliorer ;
- la clôture de la procédure s'il apparaît que le débiteur dispose de sommes suffisantes pour régler les dettes.

Les actes accomplis par le débiteur pendant la « **période suspecte** » (durée comprise entre la date effective de la cessation des paiements et celle du jugement d'ouverture) sont surveillés et peuvent être annulés.

Ces dispositions ont été prises pour préserver l'égalité des créanciers.

Les actions en nullité peuvent être intentées par l'administrateur, le liquidateur, le commissaire à l'exécution du plan et par le ministère public.

B. La procédure de liquidation judiciaire

Elle suppose que l'entreprise soit en état de cessation des paiements et que son redressement soit manifestement impossible.

La procédure peut être ouverte par les mêmes personnes que celles désignées dans la procédure de redressement judiciaire.

A compter du jugement d'ouverture de la liquidation judiciaire, l'entreprise doit cesser immédiatement son activité.

Le débiteur est alors dépossédé de l'administration de ses biens et laisse sa place à un liquidateur qui sera en charge de faire l'inventaire des biens, de les vendre et de régler les différents créanciers.

Trois conséquences majeures en découlent :

- l'arrêt des poursuites individuelles ;
- l'arrêt du cours des intérêts de retard ;
- la rupture des contrats de travail des salariés.

Le liquidateur a un délai de 15 jours suivant le jugement de liquidation judiciaire pour licencier les salariés.

Toutes les créances deviennent immédiatement exigibles et sont réglées selon l'ordre suivant :

1/ Le superprivilège des salariés (paiement en priorité des 60 derniers jours de travail précédant le jugement d'ouverture de liquidation) ;

2/ Le privilège des frais de gestion et de justice (administrateurs et liquidateurs judiciaires entre autres) ;

3/ Les créanciers qui ont contribué à la poursuite de l'activité (avec en particulier le privilège spécial des salariés concernant les 6 derniers mois de salaire mais aussi tous les créanciers disposant de garanties ou sûretés)

4/ Les créances antérieures au jugement d'ouverture de la procédure

Si l'entreprise dispose des fonds pour payer les salaires, ils sont réglés rapidement (sous 10 jours). Autrement, un organisme se substitue à l'entreprise pour les régler à bref délai. Il s'agit de l'assurance de garantie des salaires (AGS).

Section 3 – La responsabilité du dirigeant

Le dirigeant engage sa responsabilité à chaque fois qu'il prend une décision concernant la vie de son entreprise. Cette responsabilité recouvre un certain nombre de domaines du droit tels que le droit du travail, le droit de la consommation, le droit des sociétés, le droit fiscal…

En cas de difficultés d'entreprise, le dirigeant d'entreprise peut aussi voir sa responsabilité engagée s'il y a faute de gestion.

I. La responsabilité civile

Un dirigeant peut voir sa responsabilité civile engagée si les conditions classiques sont réunies à savoir l'existence d'une faute (de gestion par exemple), d'un dommage (un préjudice financier ou moral) et d'un lien de causalité entre la faute et le dommage (prouver que sans la faute, il n'y aurait jamais eu de dommage).

Un dirigeant associé ou actionnaire peut même voir sa responsabilité engagée au-delà même de ses apports et assumer une partie ou la totalité des dettes de la société.

II. La responsabilité pénale

En droit pénal des affaires, on peut distinguer trois infractions majeures.

A. L'abus de confiance

C'est le fait de détourner un bien appartenant à autrui alors que ce bien a été confié par la victime dans un but déterminé. La condition préalable à la réalisation de l'infraction est donc la remise d'une chose.

L'infraction d'abus de confiance n'est réalisée que s'il y a détournement de cette chose de manière intentionnelle.

L'abus de confiance est puni de trois ans d'emprisonnement et 375 000 € d'amende.

B. L'abus de biens sociaux

C'est le fait de détourner de son usage un bien ou un crédit de la société. Cela regroupe tous les actes qui peuvent porter atteinte au patrimoine de la société, et ce dès lors que la société encourt un risque anormal.

Pour constituer l'infraction, il est nécessaire de prouver la mauvaise foi du dirigeant c'est-à-dire de démontrer qu'il savait pertinemment que ces agissements étaient contraires à l'intérêt de la société ou qu'il lui faisait courir un risque anormal eu égard à la nature du marché, et qu'il enfreint la loi.

Le dirigeant encourt une peine de cinq ans d'emprisonnement et de 375 000 € d'amende.

C. Le délit de banqueroute

La banqueroute est caractérisée par des faits de gestion frauduleuse. Les poursuites pénales sont conditionnées à l'ouverture préalable d'un redressement judiciaire ou d'une liquidation judiciaire.

Le Code de commerce indique que les faits suivants constituent un délit de banqueroute :

- le détournement ou la dissimulation de tout ou partie de l'actif du débiteur ;

- l'augmentation frauduleuse du passif du débiteur ;

- la tenue d'une comptabilité fictive, la disparition des documents comptables de l'entreprise ou l'absence de toute comptabilité lorsque les textes applicables en font obligation ;

- la tenue d'une comptabilité manifestement incomplète ou irrégulière au regard des dispositions légales…

L'auteur et l'éventuel complice d'une banqueroute s'exposent chacun à une peine maximale de 5 ans d'emprisonnement et de 75 000 € d'amende.

Exercice d'application n°6

La société JARDI est une SARL familiale installée depuis 10 ans sur la côte normande. Son gérant, M. NICOLAS, a su exploiter le dynamisme du secteur du paysage pour développer des activités liées à la création, l'aménagement et à l'entretien des jardins.

Il y a quelques jours, il vient de conclure un contrat important avec un parc animalier et botanique de la région, pour l'installation de trois bassins écologiques. En effet, ce parc connaît depuis quelque temps une baisse de fréquentation et espère ainsi relancer son activité. Cette prestation a donné lieu à l'établissement d'une facture datée du 25 février 2016 d'un montant de 85 000 € HT. Le paiement de la facture est prévu fin mars.

Le 10 avril ce client annonce à Monsieur NICOLAS que sa situation financière s'est dégradée et qu'il est dans l'impossibilité de régler le montant de la facture car son actif disponible ne lui permet plus de faire face à son passif exigible. Les procédures amiables engagées n'ont hélas pas abouti. Cependant, il souhaiterait tout de même conclure un contrat de maintenance des bassins avec la société JARDI afin de permettre l'utilisation des bassins pour la saison qui s'annonce.

Selon M. OLIVIER, propriétaire du parc animalier et botanique, les difficultés financières actuelles qu'il rencontre sont temporaires. Il estime d'ailleurs que sa banque, qui lui a octroyé un crédit excessif, a largement contribué à dégrader sa situation.

Travail à faire :

A partir de vos connaissances, vous répondrez aux questions suivantes :

1/ Qualifiez juridiquement la situation du parc animalier et botanique, client de la société de M. NICOLAS.

2/ Présentez les procédures amiables qui ont pu déjà être éventuellement engagées.

3/ Identifiez la procédure judiciaire qui permettra d'assurer la continuation de l'exploitation et indiquez ses effets sur les créances existantes et à venir.

4/ Que peut faire M. OLIVIER à l'égard de sa banque, qui à ses yeux, est responsable de sa situation financière ?

PARTIE 7
DROIT DU TRAVAIL APPROFONDI

Chapitre 1 – La rédaction du contrat de travail

Elle fait l'objet en principe d'un écrit dans lequel il peut être inséré des clauses particulières qui s'imposent aux parties signataires.

Employeur et salarié doivent alors respecter les obligations nées du contrat de travail et exécuter celui-ci de bonne foi.

Section 1 – Les clauses générales

En pratique, elles sont très nombreuses. Les principales restent néanmoins : la clause de période d'essai, la clause de non-concurrence et la clause de mobilité géographique.

I. La clause de période d'essai

A. Définition

La période d'essai est une période qui permet à l'employeur d'évaluer les compétences du salarié dans son travail, notamment au regard de son expérience. Elle permet également au salarié d'apprécier si les fonctions occupées lui conviennent.

B. Durée de la période d'essai

En principe, la période d'essai n'est pas obligatoire et ne se présume pas. Il est donc nécessaire que le contrat en précise l'existence et la durée (même si la convention collective prévoit une période d'essai) sinon le salarié peut se considérer comme définitivement embauché dès la conclusion de son contrat de travail.

La période d'essai s'impose donc à tout salarié en CDI, en CDD ou en contrat temporaire, dès lors qu'elle est expressément prévue dans le contrat de travail ou la lettre d'engagement.

1. En matière de CDI

- ***Pour les ouvriers et les employés***

La durée maximale légale de la période d'essai initiale d'un CDI est fixée à 2 mois. Elle est renouvelable une fois (soit 4 mois maximum), si les trois conditions suivantes sont réunies : la possibilité de renouveler la période d'essai est prévue par accord de branche étendu, cette possibilité est clairement rappelée dans le contrat de travail (ou la lettre d'engagement) et le salarié manifeste son accord exprès pour la renouveler, durant la période d'essai initiale, par écrit ou par courriel.

- ***Pour les agents de maîtrise et techniciens***

La durée maximale légale de la période d'essai initiale d'un CDI est fixée à 3 mois. Elle est renouvelable une fois (soit 6 mois maximum) dans les mêmes conditions que pour les ouvriers et les employés.

- ***Pour les cadres***

La durée maximale légale de la période d'essai initiale d'un CDI est fixée à 4 mois. Elle est renouvelable une fois (soit 8 mois maximum) dans les mêmes conditions que pour les ouvriers et les employés.

2. <u>En matière de CDD</u>

- ***Pour les CDD de 6 mois maximum***

La durée de la période d'essai est fixée en fonction de la durée du contrat.

Elle est calculée à raison d'un jour par semaine, sans pouvoir dépasser deux semaines (sauf convention collective ou usage prévoyant une durée inférieure).

- ***Pour les CDD de plus de 6 mois***

La durée de la période d'essai est fixée à 1 mois (sauf convention collective ou usage prévoyant une durée inférieure).

3. <u>En matière d'intérim</u>

- ***Pour les contrats de 1 mois maximum***

La période d'essai est fixée par des dispositions conventionnelles ou collectives ou, à défaut, à 2 jours maximum.

- ***Pour les contrats entre 1 et 2 mois maximum***

La période d'essai est fixée par des dispositions conventionnelles ou collectives ou, à défaut, à 3 jours maximum.

- ***Pour les contrats de plus de 2 mois***

La période d'essai est fixée par des dispositions conventionnelles ou collectives ou, à défaut, à 5 jours maximum.

Dans tous les cas, la période d'essai se décompte de manière calendaire (sauf disposition conventionnelle ou contractuelle contraire) et le décompte est effectué de la même manière pour le salarié à temps plein et le salarié à temps partiel.

Par exemple, une période d'essai de 2 mois qui débute un 15 mars doit prendre fin le 14 mai suivant à minuit (même si ce dernier jour tombe un dimanche ou un jour férié).

Elle débute obligatoirement au commencement de l'exécution du contrat de travail. Il n'est pas possible de différer le début de la période d'essai.

C. Fin de la période d'essai

Il existe deux possibilités pour mettre fin à une période d'essai.

1. <u>L'arrivée de son échéance</u>

À l'issue de la période d'essai, et en l'absence de rupture anticipée, la relation de travail se poursuit donc automatiquement.

2. <u>La rupture anticipée</u>

Pendant la période d'essai, le contrat de travail peut être rompu librement par l'employeur ou le salarié, sans qu'il soit nécessaire de motiver cette rupture et sans indemnités.

L'employeur et le salarié doivent toutefois respecter un délai de prévenance.

Ainsi, si c'est le salarié qui met fin à la période d'essai, il doit respecter un délai de prévenance de 48 heures sauf si la durée de présence du salarié dans l'entreprise est inférieure à 8 jours, auquel cas le délai est ramené à 24 heures.

A l'inverse, si c'est l'employeur qui met fin au contrat durant la période d'essai, il doit prévenir le salarié dans un délai qui ne peut être inférieur à :

- 24 heures en deçà de 8 jours de présence ;
- 48 heures entre 8 jours et 1 mois de présence ;
- 2 semaines après 1 mois de présence ;
- 1 mois après 3 mois de présence.

En cas de non-respect du délai légal de prévenance, l'employeur doit verser une indemnité compensatrice au salarié, sauf s'il a commis une faute grave. Son montant est égal au montant des salaires et avantages que le salarié aurait perçus s'il avait travaillé jusqu'au terme du délai de prévenance dû (indemnité compensatrice de congés payés comprise).

Par ailleurs, la rupture de la période d'essai peut être considérée comme abusive par le juge, notamment si elle n'est pas liée aux compétences du salarié (rupture discriminatoire ou pour raisons économiques par exemple).

Enfin, dans tous les cas, l'employeur remet au salarié les documents de fin de contrat qui lui sont dus à savoir son certificat de travail et son solde de tout compte.

II. La clause de non concurrence

A. Définition

La clause de non-concurrence est une clause insérée dans le contrat de travail qui vise à limiter la liberté d'un salarié d'exercer des fonctions équivalentes chez un concurrent ou à son propre compte après la rupture de son contrat. La validité de la clause est conditionnée au respect de certains critères soumis à l'appréciation du juge.

B. Critères de validité

Pour qu'elle soit applicable, la clause de non-concurrence doit répondre à certains critères cumulatifs définis par la jurisprudence et qui conditionnent sa validité.

Ainsi, elle doit d'abord être :

- **écrite dans le contrat de travail** (ou prévue dans la convention collective) ;
- **indispensable à la protection des intérêts légitimes de l'entreprise** (quand le salarié est en contact direct avec la clientèle par exemple), et ne pas empêcher le salarié de trouver un emploi ailleurs.

Par ailleurs, la clause de non-concurrence doit être limitée :

- dans le temps (sans que la durée soit excessive) ;
- dans l'espace (une zone géographique doit être prévue) ;
- et à une activité spécifiquement visée (le métier qu'exerçait le salarié).

Enfin, elle doit prévoir une contrepartie financière (ou indemnité compensatrice) pour le salarié.

En cas de non-respect d'un de ces critères, la clause de non-concurrence n'est pas valable, et ouvre droit au paiement de dommages et intérêts au bénéfice du salarié.

Notons que les juges apprécient la limitation dans le temps et dans l'espace par rapport aux fonctions du salarié. Ainsi, une clause de non-concurrence est manifestement excessive quand elle prévoit une durée dans le temps de 5 ans pour un laveur de vitres ou un rayon de plus de 100 kms pour un serveur.

C. Application de la clause de non concurrence

La clause de non-concurrence s'applique lorsque le contrat prend fin c'est-à-dire soit à la date effective de la fin du contrat (à l'issue de la période de préavis) soit lors du départ du salarié (en cas de dispense de préavis).

La contrepartie financière est due dès lors que la clause de non-concurrence est applicable (même si le salarié est licencié pour faute grave ou s'il démissionne). Cette contrepartie peut prendre la forme d'un capital ou d'une rente, elle doit être versée après la rupture du contrat de travail, et non pendant son exécution.

Elle doit être raisonnable, une contrepartie dérisoire équivaut à une absence de contrepartie financière, et n'est donc pas valable. Son montant est compris, en général, entre le quart et la moitié du salaire mensuel moyen versé au salarié.

L'employeur peut toujours renoncer à l'application de la clause de non-concurrence. Cependant, dans tous les cas, la renonciation doit être claire, non équivoque et notifiée au salarié par lettre recommandée avec accusé de réception. Si l'employeur ne respecte pas ces modalités de renonciation, l'indemnité compensatrice reste due.

D. Sanction en cas de non-respect de la clause de non concurrence

- S'il s'agit du salarié, ce dernier doit restituer l'indemnité compensatrice qu'il a reçue. De plus, le juge peut le condamner au versement de dommages-intérêts.

- S'il s'agit de l'employeur (non versement de l'indemnité compensatrice due au salarié par exemple), ce dernier n'est plus tenu de respecter la clause de non concurrence. De surcroît, le juge peut condamner l'employeur au versement de dommages-intérêts en réparation du préjudice subi par le salarié. L'employeur reste tenu de verser l'indemnité compensatrice pour la période durant laquelle le salarié a respecté les dispositions prévues par la clause de non concurrence.

III. La clause de mobilité géographique

A. Définition

Une clause de mobilité est une disposition prévue dans le contrat de travail ou la convention collective qui prévoit que le salarié accepte à l'avance que son lieu de travail puisse être modifié. Cette « mutation » s'impose alors au salarié (sauf exceptions).

Tout salarié peut se voir proposer une clause de mobilité, lors de son embauche ou après signature du contrat (avec son accord). Le contenu de la clause de mobilité est précisé dans le contrat de travail ou, à défaut, la convention collective.

B. Contenu de la clause de mobilité

La clause de mobilité doit définir de façon précise sa zone géographique d'application (par exemple, dans tous les établissements d'un département).

L'étendue de la zone géographique varie selon les fonctions exercées par le salarié (en général, plus les responsabilités sont élevées, et plus la zone de mobilité est étendue).

La clause de mobilité est applicable dans l'entreprise uniquement (et non dans les autres sociétés du même groupe).

Dans tous les cas, l'employeur ne peut pas, après signature du contrat de travail, modifier unilatéralement l'étendue de la zone géographique.

C. Procédure de mise en œuvre de la clause de mobilité

Quand l'employeur décide de la mise en œuvre de la clause de mobilité, la « mutation » du salarié doit répondre à un besoin objectif de l'entreprise.

L'application de la clause peut ainsi être justifiée, par exemple, pour répondre à une augmentation de la charge de travail d'un autre établissement inclus dans la zone géographique.

Le salarié ne peut pas refuser l'application de la clause de mobilité, sauf dans les cas suivants :

- si la mutation modifie un élément essentiel du contrat (baisse de la rémunération ou passage d'un horaire de nuit à un horaire de jour ou d'un horaire de jour à un horaire de nuit par exemple) ;

- si le salarié est prévenu dans un délai trop court (ce délai varie en fonction des circonstances) ;

- si la mutation demandée porte atteinte à la vie personnelle et familiale du salarié (par exemple, si la mutation du salarié entraîne des modifications de ses heures de travail incompatibles avec ses obligations familiales).

Par conséquent, l'application de la clause de mobilité ne constitue pas une modification du contrat de travail. Elle s'impose au salarié, sauf si la mutation entraîne des conséquences sur tout autre élément essentiel du contrat. Dans ce cas, un avenant au contrat doit être signé.

Section 2 – Les clauses spécifiques

I. Concernant les contrats à durée déterminée

Le Code du travail impose la rédaction d'un écrit pour le CDD ainsi qu'une liste d'éléments obligatoires devant figurer dans le contrat comme l'indication précise de :

- son motif (remplacement, accroissement d'activité ou emploi à caractère saisonnier) ;

- sa durée (ainsi que de celle de sa période d'essai) ;

- du poste occupé (désignation du poste, nom et qualification professionnelle de la personne remplacée) ;

- la rémunération prévue et de ses différentes composantes (primes et accessoires de salaire s'il en existe) ;

- l'intitulé de la convention collective applicable ;

- l'adresse et du nom de la caisse de retraite complémentaire ainsi que de l'organisme de prévoyance si l'entreprise est affiliée…

II. Concernant les contrats à temps partiel

Le Code du travail impose aussi un écrit pour la rédaction du contrat de travail du salarié à temps partiel avec les mentions obligatoires suivantes :

- la qualification du salarié, les éléments de la rémunération, la durée hebdomadaire ou mensuelle prévue et la répartition de la durée du travail entre les jours de la semaine ou les semaines du mois ;

- les cas dans lesquels une modification éventuelle de cette répartition peut intervenir ainsi que la nature de cette modification ;

- les modalités selon lesquelles les horaires de travail pour chaque journée travaillée sont communiqués par écrit au salarié (par exemple, dans les associations ou entreprises d'aide à domicile, les horaires de travail sont communiqués par écrit chaque mois au salarié) ;

- les limites dans lesquelles peuvent être accomplies des heures complémentaires au-delà de la durée de travail fixée par le contrat…

III. Concernant les contrats d'apprentissage

Le contrat d'apprentissage est un contrat écrit de droit privé qui doit aussi comporter un certain nombre de mentions obligatoires, notamment :

- le nom du ou des maîtres d'apprentissage, les titres ou diplômes dont ils sont titulaires ainsi que la durée et les justificatifs de leur expérience professionnelle dans l'activité en rapport avec la qualification recherchée ;

- le salaire dû à l'apprenti pour chacune des années d'apprentissage ;

- la formation suivie ;

- la convention collective applicable ;

- les conditions de sécurité …

Chapitre 2 – La rédaction du règlement intérieur

Le règlement intérieur est un document écrit qui précise un certain nombre d'obligations, notamment en matière d'hygiène, de sécurité ou de sanctions, que tous les salariés (même s'ils sont embauchés avant sa mise en application) et l'employeur doivent respecter à l'intérieur de l'entreprise.

Le règlement intérieur est obligatoire dans les entreprises dont l'effectif est supérieur ou égal à 20 salariés. Il reste facultatif pour les entreprises de moins de 20 salariés.

Le règlement intérieur doit être porté par tout moyen à la connaissance des personnes ayant accès aux lieux de travail et aux locaux où se fait l'embauche.

Section 1 – L'élaboration du règlement intérieur

Le projet de l'employeur doit être soumis pour avis au comité d'entreprise (ou à défaut, aux délégués du personnel), ainsi qu'au comité d'hygiène, de sécurité et des conditions de travail (CHSCT) pour les sujets relevant de sa compétence.

Par conséquent, même s'il s'agit d'un acte unilatéral de l'employeur ne relevant pas de la négociation collective, l'employeur doit tout de même recueillir les avis des différents partenaires sociaux de l'entreprise.

Le projet de l'employeur et les avis des représentants du personnel doivent ensuite être transmis à l'inspecteur du travail, qui contrôle la légalité des clauses du règlement. Il doit enfin être déposé au greffe du conseil des prud'hommes.

Le règlement intérieur doit préciser la date de son entrée en vigueur (au moins 1 mois après l'accomplissement de la dernière des formalités de dépôt) et doit faire l'objet d'une publicité c'est-à-dire d'un affichage sur les lieux de travail et dans les locaux où se fait l'embauche.

Il peut être modifié, notamment par des notes de service ou tout autre document comportant des obligations générales et permanentes sur les sujets abordés dans le règlement.

Il peut également être modifié ou invalidé à la demande de l'inspecteur du travail ou d'un juge (à la suite d'un litige).

<u>Section 2</u> – Le contenu du règlement intérieur

Les dispositions du règlement intérieur doivent être conformes aux dispositions des lois, règlements et conventions collectives applicables.

Ainsi, en vertu de l'article L 1321-1 du code du travail, *« Le règlement intérieur est un document écrit par lequel l'employeur fixe exclusivement :*

1° Les mesures d'application de la réglementation en matière de santé et de sécurité dans l'entreprise ou l'établissement, notamment les instructions prévues à l'article L. 4122-1 ;

2° Les conditions dans lesquelles les salariés peuvent être appelés à participer, à la demande de l'employeur, au rétablissement de conditions de travail protectrices de la santé et de la sécurité des salariés, dès lors qu'elles apparaîtraient compromises ;

3° Les règles générales et permanentes relatives à la discipline, notamment la nature et l'échelle des sanctions que peut prendre l'employeur. »

De plus, en vertu de l'article L 1321-2 du code du travail, *« Le règlement intérieur rappelle :*

1° Les dispositions relatives aux droits de la défense des salariés (procédure disciplinaire) définis aux articles L. 1332-1 à L. 1332-3 ou par la convention collective applicable ;

2° Les dispositions relatives aux harcèlements moral et sexuel et aux agissements sexistes prévues par le présent code. »

L'article L 1321-2-1 du code du travail précise même que *« le règlement intérieur peut contenir des dispositions inscrivant le principe de neutralité et restreignant la manifestation des convictions des salariés si ces restrictions sont justifiées par l'exercice d'autres libertés et droits fondamentaux ou par les nécessités du bon fonctionnement de l'entreprise et si elles sont proportionnées au but recherché. »*

Enfin, selon l'article L 1321-3 du code du travail, *« Le règlement intérieur ne peut contenir :*

1° Des dispositions contraires aux lois et règlements ainsi qu'aux stipulations des conventions et accords collectifs de travail applicables dans l'entreprise ou l'établissement ;

2° Des dispositions apportant aux droits des personnes et aux libertés individuelles et collectives des restrictions qui ne seraient pas justifiées par la nature de la tâche à accomplir ni proportionnées au but recherché ;

3° Des dispositions discriminant les salariés dans leur emploi ou leur travail, à capacité professionnelle égale, en raison de leur origine, de leur sexe, de leurs mœurs, de leur orientation sexuelle ou identité de genre, de leur âge, de leur situation de famille ou de leur grossesse, de leurs caractéristiques génétiques, de leur appartenance ou de leur non-appartenance, vraie ou supposée, à une ethnie, une nation ou une race, de leurs opinions politiques, de leurs activités syndicales ou mutualistes, de leurs convictions religieuses, de leur apparence physique, de leur nom de famille ou en raison de leur état de santé ou de leur handicap. »

Chapitre 3 – Les institutions représentatives du personnel

Dans l'entreprise, les institutions représentatives du personnel (IRP) sont de deux types :

- d'une part, **les délégués syndicaux (DS),** agissant au nom des organisations syndicales représentatives présentes dans l'entreprise ou **les représentants de la section syndicale (RSS),** agissant au nom des organisations syndicales non représentatives ;

- et d'autre part, les représentants élus, directement ou indirectement par les salariés, sur liste syndicale ou pas : **délégués du personnel (DP), élus au comité d'entreprise et/ou d'établissement (CE) et représentants du personnel au comité d'hygiène, de sécurité et des conditions de travail (CHSCT).**

Section 1 – Le délégué syndical

I. Rôles

Le délégué syndical représente son syndicat auprès de l'employeur et assure la défense des salariés.

Il peut notamment formuler des propositions, des revendications ou des réclamations voire assister le salarié qui le souhaite lors d'un entretien préalable à une sanction disciplinaire ou au cours d'une audience auprès du conseil des prud'hommes.

Par ailleurs, chaque année, les délégués syndicaux négocient avec l'employeur notamment sur :

- les salaires, la durée et l'organisation du temps de travail ;
- les objectifs d'égalité professionnelle entre hommes et femmes ;
- les mesures relatives à l'insertion professionnelle et au maintien dans l'emploi des travailleurs handicapés.

II. Désignation

A. Conditions pour être candidat

Le salarié candidat aux fonctions de délégué syndical doit :

- avoir 18 ans ;
- adhérer à un syndicat représentatif ;

- travailler dans l'entreprise depuis un an minimum (ou 4 mois en cas de création d'entreprise ou d'ouverture d'établissement) ;
- n'avoir fait l'objet d'aucune interdiction, déchéance ou incapacité relative à ses droits civiques.

B. Mode de désignation

Les délégués syndicaux sont désignés selon la taille de l'entreprise :

- *Dans les entreprises de moins 50 salariés*, il n'y a pas délégué syndical, sauf convention ou accord collectif contraire ou si un délégué du personnel est désigné comme délégué syndical.

- *Dans les entreprises de 50 salariés et plus*, les délégués syndicaux sont désignés parmi les candidats aux élections professionnelles. Ils doivent avoir recueilli, à titre personnel et dans leur collège, au moins 10% des suffrages exprimés au 1er tour des dernières élections au comité d'entreprise ou de la délégation unique du personnel ou des délégués du personnel. En l'absence de candidat justifiant d'un score électoral d'au moins 10 %, le syndicat peut désigner un candidat qui a réalisé un score moindre ou un de ses adhérents dans l'entreprise ou l'établissement.

Le nombre de délégués syndicaux dépend de l'effectif de l'entreprise et il est possible de cumuler le mandat de délégué syndical avec celui de délégué du personnel, membre du CE ou du CHSCT. Dans les entreprises de moins de 300 salariés, le délégué syndical est d'ailleurs de droit représentant syndical au comité d'entreprise.

III. Moyens mis à disposition

A. En matière de crédit d'heures

Le délégué syndical dispose, en fonction de la taille de l'entreprise, d'un certain nombre d'heures de délégation pour se consacrer à l'exercice de ses fonctions. Ce temps est considéré comme temps de travail.

Le crédit d'heures du délégué syndical est égal par mois à :

- 12 heures pour un effectif de 50 à 150 salariés ;
- 18 heures pour un effectif de 151 à 499 salariés ;
- 24 heures pour un effectif d'au moins 500 salariés.

Chaque section syndicale bénéficie aussi, pour son ou ses délégués syndicaux et les salariés de l'entreprise appelés à négocier la convention ou l'accord d'entreprise, d'un crédit d'heures global supplémentaire.

B. *En matière de déplacement*

Pour l'exercice de ses fonctions, le délégué syndical peut se déplacer en dehors de l'entreprise durant ses heures de délégation.

Il peut également circuler librement dans l'entreprise et prendre les contacts nécessaires à l'accomplissement de sa mission, notamment auprès d'un salarié à son poste de travail (sous réserve de ne pas gêner le travail des salariés).

C. *En matière de communication*

La section syndicale dispose d'un panneau d'affichage dans l'entreprise. Elle peut organiser, en dehors du temps de travail, des réunions mensuelles pour les salariés. Elle peut même distribuer des tracts syndicaux.

IV. Fin du mandat

En principe, le mandat du délégué syndical s'achève aux élections professionnelles suivantes. Cependant, il peut aussi prendre fin notamment :

- si l'entreprise voit son effectif descendre en dessous de 50 salariés (après accord entre l'employeur et l'ensemble des organisations syndicales représentatives) ;
- ou à la suite de la démission par le délégué de son mandat ou de son emploi.

Section 2 – Le représentant de la section syndicale

Un délégué syndical ne peut être désigné que par un syndicat représentatif. Or, pour être représentatif, un syndicat doit réunir les 7 critères suivants :

- *le respect des valeurs républicaines ;*
- *l'indépendance ;*
- *la transparence financière ;*
- *une ancienneté d'au moins 2 ans dans le champ professionnel et géographique couvrant le niveau de négociation* (à compter de la date de dépôt légal des statuts) *;*
- *l'influence* (déterminée principalement par l'activité et l'expérience) *;*
- *les effectifs d'adhérents et les cotisations ;*
- *une audience suffisante aux élections professionnelles. Au niveau de l'entreprise, le syndicat doit avoir obtenu au moins 10% des suffrages au 1er tour des dernières élections des représentants du personnel. Au niveau des branches et aux niveaux national et interprofessionnel, le seuil minimal est de 8%.*

Lorsqu'un syndicat ne remplit pas les critères de représentativité dans une entreprise ou un établissement d'au moins 50 salariés, il peut alors désigner un représentant de la section syndicale (RSS).

Le RSS anime la section syndicale constitué par le syndicat non représentatif, dans le but d'obtenir un score aux élections professionnelles à venir lui permettant de devenir représentatif.

Ses prérogatives sont les mêmes que celles du délégué syndical (DS), à l'exception du droit de négocier des accords collectifs. Un RSS peut même être désigné dans une entreprise de moins de 50 salariés, à des conditions spécifiques.

Section 3 – Le délégué du personnel

Toute entreprise d'au moins 11 salariés doit organiser l'élection de délégués du personnel (DP). Le délégué est notamment chargé de représenter les salariés et leurs réclamations auprès de l'employeur. Pour exercer ses missions, il dispose de divers moyens d'action.

I. Conditions de mise en place

La mise en place de délégués du personnel (DP) est obligatoire lorsque l'effectif de l'entreprise atteint au moins 11 salariés pendant 12 mois, consécutifs ou non, au cours des 3 années précédentes. Le non-respect de cette obligation constitue un délit d'entrave.

En dessous de 11 salariés, l'élection est facultative. Des DP peuvent être institués par convention ou accord collectif de travail.

Le nombre de délégué varie en fonction de l'effectif de l'entreprise.

II. Missions

Le délégué du personnel a pour mission :

- de présenter à l'employeur les réclamations individuelles ou collectives des salariés sur les salaires et sur l'application des dispositions légales, réglementaires, conventionnelles et collectives relatives au droit du travail, à la protection sociale, la santé et la sécurité des salariés ;
- d'alerter l'employeur en cas d'atteinte injustifiée aux droits du personnel, à leur santé ou aux libertés individuelles (par exemple, en cas de harcèlement ou de mesure discriminatoire) ;
- de communiquer, s'ils existent, au comité d'entreprise (CE) et au comité d'hygiène, de sécurité et des conditions de travail (CHSCT)

les observations des salariés sur les questions relevant de leurs compétences ;
- de saisir l'inspection du travail de toute plainte d'un salarié sur l'application du droit du travail et de l'accompagner en cas de visite de l'entreprise ;
- d'accompagner, s'il le souhaite, l'inspecteur du travail lors de ses visites dans l'entreprise.

III. Mandat

Après organisation des élections, chaque délégué du personnel est élu pour 4 ans (sauf durée inférieure, prévue par accord). Le mandat est renouvelable.

Ses fonctions peuvent prendre fin de manière anticipée, dans l'un des cas suivants :

- rupture du contrat de travail (démission, licenciement, rupture conventionnelle, etc.) ;
- perte des conditions d'éligibilité ;
- décès ;
- révocation du mandat par la majorité du collège électoral auquel il appartient.

IV. Moyens mis à disposition

A. Heures de délégation

Pour exercer ses fonctions, le délégué du personnel dispose d'un crédit d'heures légal de 10 heures par mois (ou 15 heures si l'entreprise atteint au moins 50 salariés).

Durant ses heures de délégation et en dehors de ses heures de travail, le délégué peut circuler dans l'entreprise et prendre tous les contacts nécessaires à l'accomplissement de sa mission.

Le temps passé en délégation est considéré et payé comme du temps de travail.

B. Déplacement

Le délégué du personnel peut se déplacer en dehors de l'entreprise, durant les heures de délégation, pour exercer ses fonctions.

Il peut également se déplacer librement dans l'entreprise, pendant ses heures de délégation et en dehors de ses heures habituelles de travail.

Ses déplacements lui permettent de prendre contact avec tout salarié dans le cadre de l'exercice de ses missions. Il peut notamment prendre contact avec un salarié à son poste de travail, en veillant à ne pas apporter de gêne importante à l'accomplissement du travail du salarié.

C. Local et affichage

Le délégué du personnel bénéficie d'un local et de panneaux d'affichage mis à disposition par l'employeur.

D. Réunions avec l'employeur

L'employeur et la délégation du personnel se réunissent au moins une fois par mois. Le temps passé en réunion est rémunéré comme du temps de travail effectif, et n'est pas déduit du crédit d'heures de délégation.

Leurs demandes et les réponses de l'employeur sont inscrites sur un registre spécial, consultable par les salariés et l'inspection du travail.

E. Exercice de l'activité salariée

En dehors des heures pendant lesquelles il exerce ses missions d'élu du personnel, le délégué du personnel effectue son activité salariée dans les conditions habituelles.

Il bénéficie du statut de salarié protégé en matière de licenciement.

Section 4 – Le comité d'entreprise

Toute entreprise d'au moins 50 salariés doit mettre en place un comité d'entreprise (CE). Ce comité est composé de représentants du personnel et syndicaux, ayant un mandat de 4 ans maximum. Il est présidé par l'employeur. Il a des attributions économiques, sociales et culturelles. Pour exercer ses missions, il dispose d'heures de délégation.

I. Conditions de mise en place

La mise en place d'un comité d'entreprise (CE) est obligatoire lorsque l'effectif de l'entreprise atteint au moins 50 salariés pendant 12 mois, consécutifs ou non, au cours des 3 années précédentes.

Si l'entreprise comporte plusieurs établissements distincts, l'entreprise doit mettre en place un comité central d'entreprise et des comités d'établissement, quel que soit l'effectif de chacun d'entre eux.

En dessous de 50 salariés, la mise en place d'un CE est facultative (sauf dispositions conventionnelles ou collectives contraignantes). Cette faculté est prévue par convention ou accord collectif de travail.

Par exception, la mise en place d'un CE est obligatoire si l'entreprise est rattachée à une unité économique et sociale (UES) d'au moins 50 salariés, reconnue par convention ou décision de justice entre plusieurs entreprises juridiquement distinctes.

II. Missions

A. Représentation du personnel

Le CE assure l'expression collective des salariés. Il permet la prise en compte de leurs intérêts dans les décisions relatives à la vie dans l'entreprise (gestion et évolution économique et financière, organisation du travail, formation professionnelle, techniques de production).

Le CE formule ou examine, sur demande de l'employeur, des propositions de nature à améliorer :

- les conditions de travail, d'emploi et de formation professionnelle des salariés ;
- leurs conditions de vie dans l'entreprise ;
- et les conditions dans lesquelles ils bénéficient de garanties collectives de protection sociale complémentaires.

Dans les domaines relatifs à la situation économique de l'entreprise, le CE fait l'objet de consultations obligatoires.

Trois grandes consultations du CE sont prévues chaque année au cours desquelles les sujets suivants sont abordés :

- les orientations stratégiques de l'entreprise ;
- la situation économique et financière de l'entreprise ;
- la politique sociale de l'entreprise (les conditions de travail et d'emploi en particulier).

Le CE peut recourir, si nécessaire, à un expert. Il bénéficie d'un droit d'alerte.

B. Gestion des activités sociales et culturelles

Le CE assure, contrôle ou participe à la gestion de toutes les activités sociales et culturelles établies dans l'entreprise prioritairement au bénéfice des salariés, de leur famille et des stagiaires.

Ces activités sociales et culturelles peuvent prévoir notamment :

- des activités tendant à l'amélioration des conditions de bien-être (cantines, coopératives de consommation, logements, jardins familiaux, crèches, colonies de vacances...) ;
- des activités relatives aux loisirs et aux sports ;
- des institutions d'ordre professionnel ou éducatif attachées à l'entreprise ou dépendant d'elle (bibliothèques, centres d'apprentissage et de formation professionnelle, cercles d'études, cours de culture générale...) ;
- des services sociaux chargés de veiller au bien-être du stagiaire dans l'entreprise, de faciliter son adaptation à son travail et de collaborer avec le service de santé au travail de l'entreprise, de coordonner et de promouvoir les réalisations sociales décidées par le CE et par l'employeur ;
- des institutions sociales de prévoyance et d'entraide (institutions de retraites, sociétés de secours mutuels...) ;
- un service de santé au travail institué dans l'entreprise.

Le CE peut moduler les avantages en fonction de certains critères tels que, par exemple, les revenus des salariés ou l'âge des enfants.

L'employeur verse chaque année une contribution pour financer les institutions sociales du CE.

III. Mandat

Le CE est composé des membres suivants :

- l'employeur (ou son représentant), qui le préside et qui peut se faire assister de 2 collaborateurs ;
- une délégation du personnel composée de représentants du personnel élus par les salariés ;
- le délégué syndical (DS) de chaque syndicat représentatif dans l'entreprise.

Le nombre de représentants élus lors des élections professionnelles (titulaires et suppléants), varie suivant l'effectif dans l'entreprise.

Les membres du CE sont élus pour 4 ans (sauf durée inférieure, prévue par accord). Le mandat est renouvelable.

Les fonctions des membres du CE peuvent prendre fin de manière anticipée, dans l'un des cas suivants :

- rupture du contrat de travail ;
- perte des conditions d'éligibilité ;
- décès ;
- révocation du mandat par la majorité du collège électoral.

IV. Moyens mis à disposition

A. Crédit d'heures de délégation

Chaque membre titulaire du CE bénéficie d'un crédit d'heures de délégation légal de 20 heures par mois, pour exercer ses fonctions. Ces heures sont considérées et payées comme du temps de travail.

B. Protection de l'exercice de l'activité professionnelle

En dehors des heures pendant lesquelles il exerce ses missions de représentant du personnel, le membre du CE effectue son activité professionnelle dans les conditions habituelles.

Il bénéficie du statut de salarié protégé en matière de licenciement.

Chaque membre du CE est tenu à une obligation de discrétion à l'égard des informations confidentielles auxquelles il a accès (et à condition d'être présentées comme telles par l'employeur).

Il est également soumis au secret professionnel pour toutes les questions relatives aux procédés de fabrication.

Section 5 – Le comité d'hygiène, de sécurité et des conditions de travail

Toute entreprise d'au moins 50 salariés doit mettre en place un comité d'hygiène, de sécurité et des conditions de travail (CHSCT). Il est composé de représentants désignés, pour 4 ans maximum, par les membres élus du comité d'entreprise et les délégués du personnel.

Il exerce notamment des missions liées à la prévention, à la protection de la santé physique et mentale et à la sécurité des salariés. Pour exercer ses missions, chaque représentant au CHSCT dispose d'heures de délégation.

I. Conditions de mise en place

Toute entreprise d'au moins 50 salariés doit mettre en place un CHSCT.

II. Missions

Le CHSCT contribue à :

- la prévention et à la protection de la santé physique et mentale des salariés et à leur sécurité ;
- l'amélioration des conditions de travail ;

- l'adaptation et à l'aménagement des postes de travail afin de faciliter l'accès des personnes handicapées à tous les emplois et de favoriser leur maintien dans l'emploi au cours de leur vie professionnelle ;
- la surveillance du respect des dispositions légales et réglementaires relatives au domaine de compétence du CHSCT.

Pour cela, il est chargé entre autres :

- d'analyser les conditions de travail et les risques professionnels auxquels peuvent être exposés les salariés de l'entreprise et en particulier la pénibilité au travail ;
- de participer à la prévention des risques professionnels et propose des mesures d'amélioration, de vérifier, par des enquêtes et des inspections, le respect par l'employeur de ses obligations en matière de santé et de sécurité et des mesures de prévention préconisées ;
- de proposer des actions de prévention et de sensibilisation, notamment en matière de harcèlement moral ou sexuel et d'agissements sexistes ;
- d'enquêter sur les circonstances et les causes des accidents du travail, des maladies professionnelle ou en cas de danger grave et imminent.

Dans l'exercice de ses missions, il fait l'objet de consultations obligatoires.

III. Mandat

Le CHSCT comprend l'employeur (qui le préside) et une délégation du personnel dont les membres sont désignés par les membres élus du comité d'entreprise (CE) et les délégués du personnel (DP).

Un secrétaire est désigné parmi les représentants du personnel, membres du CHSCT.

Le nombre de représentants du personnel au CHSCT varie en fonction de l'effectif de chaque établissement.

La durée du mandat de chaque membre représentant le personnel au CHSCT dépend de la date de fin du mandat des membres élus du CE l'ayant désigné (4 ans maximum).

Le mandat de chaque membre du CHSCT est renouvelable.

Le représentant qui cesse ses fonctions durant son mandat est remplacé, dans le délai d'un mois, pour la période du mandat restant à courir. Toutefois, le remplacement ne s'impose pas si la période de mandat restant à courir ne dépasse pas 3 mois.

IV. Moyens mis à disposition

A. Crédit d'heures

Pour exercer ses missions, chaque membre du CHSCT bénéficie d'un crédit d'heures de délégation légal, dont la durée varie en fonction de l'effectif de chaque établissement (2 heures de délégation par représentant par mois dans les entreprises de moins de 99 salariés par exemple).

B. Recours à un expert

Pour l'aider dans ses interventions, le CHSCT peut faire appel à un expert agréé :

- lorsqu'un risque grave est constaté dans l'entreprise (qu'il soit révélé ou non par un accident du travail, une maladie professionnelle ou à caractère professionnel) ;

- ou en cas de projet important modifiant les conditions de santé et de sécurité ou les conditions de travail.

C. Droit à la formation

Chaque membre du CHSCT bénéficie de la formation nécessaire à l'exercice de ses missions. Cette formation est renouvelée lorsqu'ils ont exercé leur mandat pendant 4 ans, consécutifs ou non. L'employeur prend en charge le financement de la formation.

Comme pour les autres représentants du personnel, chaque membre du CHSCT est tenu à une obligation de discrétion à l'égard des informations confidentielles auxquelles il a accès (et à condition d'être présentées comme telles par l'employeur).

D. Protection de l'exercice de son activité

En dehors des heures pendant lesquelles il exerce ses missions de représentant du personnel, chaque membre du CHSCT effectue son activité professionnelle dans les conditions habituelles.

Il bénéficie du statut de salarié protégé en matière de licenciement.

Il est également soumis au secret professionnel pour toutes les questions relatives aux procédés de fabrication.

Section 6 – La délégation unique du personnel

L'employeur peut décider de regrouper les instances représentatives du personnel dans une instance commune : la délégation unique du personnel (DUP).

I. Conditions de mise en place

La délégation unique du personnel (DUP) peut être mise en place dans une entreprise ayant entre 50 salariés et 299 salariés. A partir de 300 salariés, on parle de l'instance unique des représentants du personnel (IURP) qui fonctionne selon les mêmes principes de la DUP.

La DUP est mise en place au sein de chaque établissement distinct de l'entreprise si l'entreprise comporte plusieurs établissements et si tous les établissements ont constitué un comité d'établissement.

La mise en place d'une DUP est facultative. Elle relève uniquement d'une décision de l'employeur.

Pour mettre en place une DUP, l'employeur doit consulter au préalable les délégués du personnel (DP), le comité d'entreprise (CE), et le comité d'hygiène, de sécurité et des conditions de travail (CHSCT).

La création de la DUP peut avoir lieu à l'occasion :

- soit de la constitution de l'une de ces 3 instances ;
- soit de leur renouvellement.

Dans ce cas, la durée du mandat du DP, du membre du CE ou du CHSCT peut être soit réduite, soit prorogée, de 2 ans au maximum, afin de coïncider avec la date de la mise en place de la DUP.

L'élection des membres de la DUP est effectuée dans le respect des règles applicables à l'élection des membres du CE.

II. Missions

La DUP exerce les mêmes missions que les DP, les membres du CE et du CHSCT. Un secrétaire et un secrétaire adjoint sont désignés parmi les membres titulaires de la DUP.

III. Mandat

Le nombre d'élus à la DUP (titulaires et suppléants) varie selon l'effectif de l'entreprise (ou de chaque établissement distinct). Par exemple, dans les entreprises entre 50 et 74 salariés, on peut aller jusqu'à 4 élus titulaires et 4 élus suppléants.

IV. Moyens mis à disposition

A. Crédit d'heures de délégation

Pour exercer leurs missions, les élus titulaires à la DUP disposent d'un crédit d'heures par mois, qui varie selon l'effectif de l'entreprise. Par exemple, dans les entreprises entre 50 et 74 salariés, le crédit d'heures prévu est de 18 heures par mois et par élu.

B. Réunions avec l'employeur

La DUP est convoquée par l'employeur au moins une fois tous les 2 mois.

Un ordre du jour commun de chaque réunion est établi par l'employeur et le secrétaire de la DUP. Il est communiqué aux membres ayant qualité pour siéger 8 jours au moins avant la séance.

Ces réunions abordent les sujets relevant des attributions des DP, du CE et du CHSCT. Au moins 4 réunions par an doivent porter, en tout ou partie, sur des sujets relevant des attributions du CHSCT.

Le temps passé en réunion par les délégués n'est pas déduit du crédit d'heures de délégation.

C. Recours à un expert

La DUP peut recourir à un expert, dans les mêmes conditions que le CE et le CHSCT. Lorsqu'une expertise porte à la fois sur des sujets relevant des attributions du CE et du CHSCT, la DUP a recours à une expertise commune. Les frais d'expertise sont à la charge de l'employeur.

L'Ordonnance n° 2017-1386 du 22 septembre 2017 relative à la nouvelle organisation du dialogue social et économique dans l'entreprise et favorisant l'exercice et la valorisation des responsabilités syndicales prévoit la fusion des institutions représentatives du personnel. En effet, la création d'une instance unique, le comité social et économique (CSE) viendra ainsi remplacer les délégués du personnel, le comité d'entreprise et le comité d'hygiènes, de sécurité et des conditions de travail. Elle concerne toutes les entreprises dont l'effectif est supérieur à 11 salariés. Le 1er janvier 2018 est la date fixée par la réforme du travail à partir de laquelle un comité social et économique pourra être mis en place dans les entreprises. Pour la mise en place concrète, il faudra se référer dans chaque entreprise à l'échéance des mandats des institutions représentatives du personnel. Le comité social et économique assumera, à quelques exceptions près, les mêmes missions que les anciennes IRP.

Exercice d'application n°7

Cas pratique

Vous êtes affecté en stage auprès de M. ZEDE, assistant du DRH de l'entreprise YGREC (spécialisée dans l'industrie du textile et comptant plus de 500 salariés), dont le siège est situé en région parisienne et qui possède divers lieux de production en France. M. ZEDE est régulièrement consulté, non seulement par son supérieur hiérarchique, mais encore par des salariés. Sa surcharge de travail l'amène à vous demander de travailler sur les deux dossiers suivants.

Dossier N°1

M. HACHE est, depuis plus de 10 ans, chef du service de conception des nouveaux produits de l'entreprise YGREC. Il travaille au siège de l'entreprise. Son contrat de travail comporte une clause de mobilité dans la région des Hauts de France. La direction de l'entreprise vient de l'informer que dans 15 jours, il sera muté à Lille, l'établissement de cette ville se développant et ayant besoin de personnes qui connaissent le fonctionnement de l'entreprise. M. HACHE est divorcé et il a la garde de deux enfants en bas âge. Il pense refuser la mutation.

Dossier N°2

A la suite de divers entretiens, l'entreprise YGREC a décidé d'embaucher en contrat d'apprentissage Enzo, titulaire d'un DUT TC. Il est chargé de prospecter tout l'ouest de la France à partir d'un fichier client qu'il doit enrichir. Son contrat est à l'étude, une clause de non-concurrence est prévue.

A l'aide de vos connaissances et de l'annexe proposée, vous répondrez aux questions suivantes :

1/ La clause de mobilité de M. HACHE répond-elle aux conditions de validité exigées par la jurisprudence ?

2/ La direction de l'entreprise YGREC a-t-elle le droit d'imposer la mutation à M. HACHE ? Justifiez votre réponse.

3/ Que se passerait-il si M. HACHE refusait sa mutation ?

4/ Quelles sont les règles à respecter en matière de contrat d'apprentissage ?

5/ Pourquoi l'entreprise souhaite insérer dans le contrat d'Enzo une clause de non concurrence ?

6/ Faîtes une proposition de rédaction de la clause de non concurrence du contrat d'Enzo. Il existe des modèles en ligne, par exemple sur le site suivant :https://www.legisocial.fr/modele-contrat/clauses-particulieres/clause-non-concurrence.html

Annexe : La jurisprudence sur la clause de mobilité

Pour la jurisprudence, le fait que le salarié ait accepté de signer une clause de mobilité ne saurait le priver de son droit fondamental à une vie personnelle et familiale. La Cour de cassation exige que la mise en œuvre de la clause de mobilité soit justifiée par la protection des intérêts légitimes de l'entreprise et que l'atteinte à la liberté du salarié soit, comme toute restriction des libertés fondamentales, justifiée par la nature de la tâche à accomplir et proportionnée au but recherché. Sur un autre plan, la mise en jeu de cette clause est jugée abusive si elle ne prévoit pas un délai de prévenance raisonnable, permettant au salarié d'organiser les changements dans sa vie personnelle (déménagement, installation de la famille…)

PARTIE 8
DROIT ADMINISTRATIF

Chapitre 1 – L’organisation administrative française

Le droit administratif est l’ensemble des règles qui s'appliquent à l'Administration, notamment dans ses rapports avec les administrés et dont le contentieux relève des juridictions administratives.

En France, le pouvoir administratif est organisé de manière à respecter une certaine structure institutionnelle.

Section 1 – L’organisation centralisée de l’Etat

C’est la Constitution qui définit le fonctionnement des institutions et l’organisation administrative de la France.

Ainsi, **le Président de la République** est le chef de l’Etat. Il assure par son arbitrage le fonctionnement régulier des pouvoirs publics ainsi que la continuité de l’Etat.

Le Gouvernement, quant à lui, composé de ministres et de secrétaires d’Etat, est dirigé par le Premier ministre. Il détermine et conduit la politique de la Nation en disposant notamment de l’Administration qui est composée des ministères, des préfets et de l’Administration déconcentrée dans les régions ou départements.

Enfin, **le Parlement**, composé de l’Assemblée nationale et du Sénat, vote les projets de loi du Gouvernement et propose les lois.

Section 2 – L’organisation déconcentrée de l’Etat

La déconcentration correspond à un transfert du pouvoir central vers un représentant local du pouvoir central comme c’est le cas des préfets (de région et de département).

Institués en 1800, ils sont nommés en conseil des ministres par le Président de la République. Le préfet est le dépositaire de l'autorité de l'Etat dans un département ou une région le cas échéant.

Le préfet est en fait le représentant direct du Premier ministre et de chacun des ministres au niveau du département ou de la région le cas échéant.

Il est le supérieur hiérarchique de tous les chefs de services déconcentrés de l'Etat sur lesquels il a une autorité directe. En effet, dans chaque département ou région, il y a les services extérieurs des Ministres qui sont placés sous l’autorité du préfet.

Par exemple, en 2008, ont été instaurées les DREAL (Directions régionales de l'environnement, de l'aménagement et du logement). Elles remplacent et reprennent les compétences des DIREN (Directions régionales de l'environnement), des DRE (Directions régionales de l'équipement) et des DRIRE (Directions régionales de l'industrie, de la recherche et de l'environnement). Les DREAL sont placées sous l'autorité du préfet de région.

On peut citer aussi la DGFP (Direction générale des finances publiques) représentée au niveau départemental par les DDFP (Directions départementales des finances publiques) ou l'inspection académique qui est un organe déconcentré du Ministère de l'Education nationale.

Section 3 – L'organisation décentralisée de l'Etat

La décentralisation correspond à un transfert de compétences du pouvoir central vers les autorités locales autonomes et élues (lois de 1982 et 2010 entre autres).

On parle plus couramment **des collectivités territoriales ou locales**. Ces dernières bénéficient d'un budget propre avec des ressources (fiscalité locale, dotations de l'Etat, redevances pour service rendu comme la redevance d'enlèvement des ordures ménagères) et des dépenses (correspondant aux compétences de chaque collectivité définies par la loi). En pratique, il est possible de distinguer quatre échelons de collectivités territoriales.

I. La commune

Au plus près de la population, la commune administre le quotidien des habitants : école primaire, état civil, urbanisme, voirie municipale, culture, loisir et sport…

Elle dispose pour cela de deux organes :

- une assemblée délibérante : le conseil municipal ;
- un organe exécutif : le maire de la commune (entouré la plupart du temps par une équipe d'adjoints).

II. La communauté d'agglomération ou de communes

Elle a vocation à coordonner les communes qui la compose notamment par la mise en commun de compétences comme la gestion de l'eau, de l'assainissement, des zones d'activités économiques…

Elle dispose aussi de deux organes :

- une assemblée délibérante : le conseil d'agglomération ;
- un organe exécutif : le Président de la communauté d'agglomération ou de communes.

III. Le département

Il a des compétences en matière sociale, de grands équipements tels que les routes départementales, l'enseignement avec les collèges, l'aménagement rural…

Il dispose de deux organes :

- une assemblée délibérante : le conseil départemental ;
- un organe exécutif : le Président du conseil départemental.

IV. La région

Elle a des compétences en matière d'aménagement du territoire, de formation professionnelle, de grands équipements tels que les routes nationales, d'éducation avec la gestion des lycées…

Elle dispose de deux organes :

- une assemblée délibérante : le conseil régional ;
- un organe exécutif : le Président du conseil régional.

Chapitre 2 – Les actes administratifs

Pour remplir ses missions, l'Administration dispose de deux outils essentiels, de deux grands types d'actes administratifs :

- **Les actes administratifs unilatéraux** (provenant de l'Administration seule) ;

- **Les contrats administratifs** (provenant de l'Administration et d'un autre partenaire contractuel).

Section 1 – Les actes administratifs unilatéraux

Ils doivent leur nom à la façon dont ils sont élaborés. En effet, les destinataires de l'acte n'interviennent pas dans le processus, l'acte leur sera donc imposé. C'est en cela que l'acte administratif unilatéral traduit les prérogatives exorbitantes du droit commun qui caractérise l'action de l'État et de son Administration.

Ainsi, en droit administratif, l'Administration peut modifier les situations juridiques par sa seule volonté, sans le consentement des personnes. L'acte administratif unilatéral se caractérise ainsi par un régime juridique particulier.

I. La notion d'acte administratif unilatéral

L'acte administratif unilatéral est un acte juridique pris unilatéralement par l'Administration. Face à leur masse très importante, il est possible de les classer selon deux points de vue.

A. D'un point de vue matériel

On distingue ici :

1. Les actes réglementaires

Il s'agit d'actes ayant pour objet d'édicter une norme. Ils peuvent être **collectifs** (c'est-à-dire concerner plusieurs personnes déterminées dont les situations sont liées les unes aux autres comme un tableau d'avancement dans la fonction publique) **ou individuels** (c'est-à-dire concerner une personne nommément désignée comme pour un permis de construire).

2. Les actes non réglementaires

Il s'agit d'actes ayant pour objet d'émettre un avis de l'Administration sur une question relevant de sa compétence. On parle plus couramment de **circulaires administratives** qui la plupart du temps sont des instructions de service adressées par une autorité à des agents subordonnés en vertu de son pouvoir hiérarchique.

En principe, les actes réglementaires sont publiés alors que les actes non réglementaires sont simplement notifiés. Cependant, certains actes font l'objet à la fois d'une notification et d'une publication. C'est le cas des permis de construire qui sont notifiés à leur destinataire par lettre recommandée et affichés en mairie. Ces mesures de publicité sont essentielles pour fixer le point de départ du délai du recours contentieux.

B. D'un point de vue organique

La distinction ici est faite en fonction de l'organe à l'origine de l'acte. On peut alors citer :

- le Président de la République qui a le pouvoir de prendre **des décrets** (présidentiels) ;
- le Premier ministre qui peut aussi prendre **des décrets** (ministériels) ;
- un ministre ou plusieurs ministres qui peuvent prendre **des arrêtés** (ministériels ou interministériels) ;
- des autorités déconcentrées ou décentralisées qui peuvent prendre **des arrêtés** (préfectoraux ou municipaux), **des décisions, des circulaires, des notes, des ordonnances** (pour le préfet de police), **des délibérations des organes délibérants…**

Selon ce point de vue, l'acte administratif s'oppose donc aux actes législatifs (provenant du Parlement) et juridictionnels (provenant des tribunaux).

II. Le régime juridique des actes administratifs unilatéraux

A. Les règles concernant la formation des actes administratifs unilatéraux

1. <u>L'auteur</u>

Au niveau national, comme évoqué précédemment, il peut s'agir du président de la république, du Premier ministre et des ministres. On parle alors du pouvoir réglementaire.

Au niveau local, il peut s'agir des préfets (de région ou de département), des présidents (de région ou de département) avec leur organe délibérant (conseil régional et conseil départemental), des directeurs régionaux ou départementaux de services déconcentrés de l'Etat voire du maire (accompagné de son conseil municipal).

L’acte est en principe pris par l’autorité habilitée mais il peut aussi être passé par une autorité à laquelle elle délègue sa compétence.

Des personnes privées, chargées d'une mission du service public, peuvent ainsi prendre des actes administratifs unilatéraux (arrêt Barbier du tribunal des conflits en 1968 à propos du règlement de la compagnie aérienne Air France).

2. La forme

L’acte administratif unilatéral peut revêtir les formes les plus variées. Le plus courant est **un acte écrit** mais il peut aussi s’agir **d’une décision implicite** (silence gardé par l’Administration). En effet, si l'administration ne répond pas à un administré, c'est qu'elle approuve sa demande. On dit alors que le silence vaut acceptation. Depuis la loi du 12 avril 2000 relative aux droits des citoyens dans leurs relations avec les administrations, le silence gardé pendant deux mois par l'autorité administrative sur une demande vaut ainsi décision d'acceptation et non plus rejet (sauf dans certains cas exceptionnels).

3. Les procédures à respecter

L'acte administratif unilatéral doit être élaboré selon certaines procédures qui doivent être respectées. Par exemple, certains textes imposent à l'Administration de prendre un acte après avoir consulté un organe consultatif. Si l’Administration ne respecte pas cette procédure, le juge peut alors annuler l'acte administratif.

4. La motivation

Pendant longtemps, l'Administration n'était pas tenue de motiver ses décisions c’est-à-dire qu’elle n’était pas tenue d'expliquer les raisons des actes pris. Puis, la loi du 11 juillet 1979 relative à la motivation des actes administratifs et à l’amélioration des relations entre l’Administration et le public a rendu obligatoire la motivation de certains actes administratifs comme les décisions administratives individuelles défavorables avec mesures restrictives de libertés ou mesures restrictives de police administrative.

Par exemple, doivent être motivées les décisions qui restreignent l'exercice des libertés publiques ou, de manière générale, constituent une mesure de police ; qui infligent une sanction ; qui refusent une autorisation …

La motivation doit être écrite. Elle doit comporter l'énoncé des considérations de droits et de faits qui constituent le fondement de la décision (sauf en cas d’état d'urgence).

B. *Les règles concernant l'exécution des actes administratifs unilatéraux*

L'acte administratif unilatéral est parfait d'un point de vue juridique dès qu'il est signé par l'autorité administrative compétente. Cependant, il ne va produire des effets de droits à l'égard des administrés que lorsque ceux-ci vont en prendre connaissance.

1. L'entrée en vigueur de l'acte administratif unilatéral

Elle n'intervient qu'à partir de la publicité de l'acte. En effet, un acte administratif unilatéral ne peut s'appliquer que pour le présent et l'avenir. Il ne peut pas régir des situations passées. On parle ainsi de non-rétroactivité des actes administratifs unilatéraux.

A ce niveau, une distinction doit être faite entre :

- **les actes réglementaires** qui doivent être publiés dans un recueil d'actes administratifs. On parle plus couramment de bulletins officiels. Lorsque le juge administratif annule un acte réglementaire, il va anéantir les effets passés de l'acte, donc un extrait de cette décision de justice doit aussi être publié ;

- **et les actes non réglementaires** qui doivent en principe être notifiés par simple lettre de l'Administration à l'administré (sauf cas exceptionnels où l'on impose aussi une publication dans un journal officiel).

2. Les effets de l'exécution de l'acte administratif unilatéral

Il est possible de distinguer 2 effets majeurs.

- **Le privilège du préalable**

En vertu de ce privilège également appelé **« procédure d'action directe »,** les actes édictés par l'Administration revêtent « l'autorité de la chose décidée » c'est-à-dire que l'Administration dispose de la capacité d'édicter des actes sans requérir le consentement des administrés ni l'autorisation du juge. En d'autres termes, celle-ci est tenue d'exercer elle-même ses pouvoirs (Conseil d'Etat, 30 mai 1913, Préfet de l'Eure).

En droit administratif, l'acte administratif unilatéral est une décision exécutoire c'est-à-dire qu'elle peut faire naître des droits et obligations à l'égard des tiers sans le consentement de ces derniers. C'est un véritable privilège de la puissance publique.

Si un administré estime que l'acte est illégal, il doit obligatoirement demander au juge de prononcer l'illégalité de l'acte. Cependant, quand l'administré va devant le juge, il doit tout de même exécuter l'acte dont il demande l'annulation.

Il existe néanmoins des possibilités pour l'administré d'obtenir l'annulation sans exécution préalable en utilisant par exemple **la procédure de référé suspension** en cas d'urgence par laquelle l'administré demande la suspension immédiate de l'exécution de l'acte jusqu'à ce que le juge se prononce sur la demande d'annulation.

- **L'exécution forcée de l'acte**

L'exécution forcée est un moyen exceptionnel de sanctionner la non-exécution des actes administratifs.

Ainsi, **la théorie de l'urgence** a été dégagée par un arrêt du Tribunal des conflits en 1902. C'est à partir de cette jurisprudence qu'ont été précisés à la fois les cas d'exécution forcée (réquisitions légales, cas d'urgence ou de nécessité absolue et quand il n'y a aucune voie de droit qui permette d'assurer l'exécution normale telle que l'absence d'actions pénales ou judiciaires) et les conditions de l'exécution forcée (respect du droit, résistance des particuliers à la loi, indispensable au maintien de l'ordre public).

Le juge administratif peut voir si l'exécution forcée n'a pas été abusive. En effet, l'utilisation irrégulière de l'exécution forcée entraîne des conséquences importantes. L'Administration peut en effet y engager sa responsabilité. Il en est ainsi par exemple lorsqu'elle exécute une décision qui est considérée comme illégale.

Il en est ainsi également lorsqu'il y a eu emploi de l'exécution forcée en dehors des limites définies par le droit.

Par ailleurs, l'emploi manifestement illégal, de la contrainte, peut constituer une voie de fait, à condition qu'il y ait aussi une atteinte aux libertés individuelles.

C. Les règles concernant la disparition des actes administratifs unilatéraux

Il y a deux procédés pour mettre fin à un acte administratif.

1. Un recours judiciaire pour excès de pouvoir

L'excès de pouvoir est un terme générique désignant indifféremment toutes les formes d'illégalité pouvant vicier un acte administratif tel que l'incompétence de l'auteur de l'acte ou le vice de forme (défaut de motivation par exemple).

C'est par l'arrêt en date du 17 février 1950, « Dame Lamotte », que le Conseil d'État a eu l'occasion de consacrer ce nouveau principe général du droit selon lequel toute décision administrative peut faire l'objet d'un recours pour excès de pouvoir. Depuis, ce recours est utilisé par des administrés mécontents, des fonctionnaires en conflit avec leur "employeur", ou des étrangers frappés d'une mesure restreignant leurs libertés.

En principe, le délai de prescription de l'action en justice est de deux mois à compter de la publication (lorsqu'il s'agit d'un acte règlementaire) ou de la notification (lorsqu'il s'agit alors d'un acte non réglementaire ou décision individuelle).

Si le juge reconnaît l'existence d'un excès de pouvoir, il peut alors annuler l'acte à titre rétroactif c'est-à-dire que l'acte est censé n'avoir jamais existé.

2. Une décision autonome de l'Administration

L'Administration elle-même peut faire disparaître un acte, soit parce qu'un administré lui a demandé, soit parce qu'elle-même va le décider. Lorsqu'elle fait disparaître un acte, il y a deux types procédures :

- **Soit le retrait de l'acte administratif** : il y a alors retrait rétroactif de l'acte. L'Administration fait disparaître l'acte qui n'est censé n'avoir jamais existé sauf si l'acte administratif était régulier et légal (conforme au droit). Dans ce dernier cas, l'acte garde ses effets passés et ne s'applique plus pour le présent et l'avenir.

- **Soit l'abrogation d'un acte administratif** : l'acte ne s'applique plus pour le présent et l'avenir mais garde ses effets passés.

Section 2 – Les contrats administratifs

L'Administration n'agit pas toujours par des actes administratifs unilatéraux par voie d'autorité. Elle peut aussi utiliser la voie contractuelle.

Tous les contrats passés par l'Administration ne sont pas néanmoins considérés comme des contrats administratifs. Il existe aussi des contrats de droit privé de l'Administration placés sous le régime de droit commun c'est-à-dire soumis au droit général des contrats et relevant de la compétence des tribunaux judiciaires.

I. La notion de contrat administratif

La qualification de contrat administratif peut résulter d'un texte de loi. A défaut, les juges ont recours à des critères jurisprudentiels de qualification.

A. Les contrats administratifs par détermination de la loi

Lorsque la qualification de contrat administratif est précisée par la loi, le juge administratif est tenu de la respecter. C'est le cas notamment des contrats relatifs à l'exécution de travaux publics ou des contrats de concession.

B. Les contrats administratifs selon la jurisprudence

Dans le silence des textes, la jurisprudence a aussi dégagé deux critères cumulatifs permettant de conclure à la qualification de contrat administratif.

1. Un critère organique

En principe, un contrat ne peut être un contrat administratif **que si au moins l'une des parties est une personne publique.**

Cependant, il existe aussi des hypothèses où un contrat conclu entre deux personnes privées est néanmoins qualifié de contrat administratif. C'est notamment le cas quand une personne privée a été mandatée par une personne publique et qu'elle est amenée ensuite dans le cadre de son activité à conclure des contrats avec une autre personne privée tiers (arrêt Peyrot du Tribunal des conflits en 1963 au sujet d'une société de construction d'autoroute).

En revanche, ce n'est pas parce qu'un contrat est passé par deux personnes publiques qu'il est nécessairement un contrat administratif. En effet, il faut aussi qu'un deuxième critère matériel soit présent.

2. Un critère matériel

Pour être considéré comme administratif, le contrat qui satisfait au critère organique doit en outre **soit comprendre des clauses exorbitantes du droit commun, soit avoir pour objet l'exécution même d'une activité de service public.**

Concernant les clauses exorbitantes du droit commun, elles se définissent *« comme celles qui, dans un but d'intérêt général, soit confèrent à la personne publique des prérogatives ou des avantages exorbitants, soit imposent à son cocontractant des obligations ou des contraintes exorbitantes »*. Pour résumer, il s'agit de clauses qui ne pourraient être utilisées entre particuliers comme une clause de résiliation unilatérale au profit seulement d'une partie (l'Administration en l'occurrence).

Concernant la participation du cocontractant privé à l'exécution même d'une activité de service public, le Tribunal des conflits a précisé en 1993 que pour obtenir la qualification de contrat administratif, le service public en question devait être un service public administratif (SPA) et non un service public industriel et commercial (SPIC).

La distinction entre les SPA et les SPIC remonte à l'affaire du bac d'Eloka qui a donné lieu à un arrêt du Tribunal des conflits en 1921 relatif à la Société commerciale de l'Ouest africain. A partir de cet arrêt, il a été ainsi proposé d'établir deux catégories de services publics :

- **les SPA** qui gèrent des activités appartenant par nature c'est-à-dire par essence à l'Etat ou à une Administration publique ;

- **Les SPIC** qui gèrent des activités similaires à celles des entreprises privées. Si elles sont prises en charge par l'Etat ce n'est que de façon accidentelle et occasionnelle, parce qu'aucun particulier ne s'en est chargé (c'est le cas de l'eau, du gaz, de l'électricité …)

II. Le régime juridique des contrats administratifs

A. Les règles concernant la formation des contrats administratifs

La question de la formation du contrat administratif suppose que l'on s'interroge sur l'autorité compétente pour contracter, sur la forme des contrats, sur les procédures à respecter et sur le contenu du contrat.

1. <u>L'autorité compétente pour contracter</u>

Lorsque c'est l'Etat qui est concerné, le contrat est passé par **le ministre concerné ou le préfet** (qui est le représentant de l'Etat dans le département ou la région).

Au niveau des collectivités territoriales, c'est **le président de l'assemblée délibérante** (président du conseil régional, président du conseil départemental, président du conseil d'agglomération, maire de la commune) qui est compétent.

L'autorité exécutive des établissements publics peut aussi contracter (c'est le cas notamment d'un président d'université).

Dans la plupart des cas, l'autorité qui va passer les contrats au nom de l'Administration aura besoin d'une autorisation préalable. Ainsi, dans une commune, le conseil municipal va prendre une délibération pour autoriser le maire à signer un contrat administratif.

2. La forme des contrats

Un contrat administratif peut, le cas échéant, être conclu oralement, mais cela demeure une hypothèse exceptionnelle. En effet, l'obligation de l'écrit est fréquemment mentionnée par les textes applicables aux différentes catégories de contrats.

Ainsi, le décret du 5 mars 2016 relatif aux marchés publics précise que *« les marchés publics répondant à un besoin dont la valeur estimée est égale ou supérieure à 25 000 euros HT sont conclus par écrit ».*

Tout contrat administratif comporte **un cahier des charges** (règles non négociables imposées au cocontractant), à côté de règles qui sont librement débattues entre l'Administration et le cocontractant.

3. Les procédures à respecter

Sous la pression du droit communautaire, une règlementation récente a renforcé les mécanismes de publicité et de mise en concurrence, principalement pour les marchés publics et les contrats de concession.

Concernant les marchés publics, qui sont « *des contrats conclus à titre onéreux par un ou plusieurs acheteurs avec un ou plusieurs opérateurs économiques, pour répondre à leurs besoins en matière de travaux, de fournitures ou de services »*, la procédure à respecter a pour objectif de permettre aux collectivités publiques de choisir « l'offre économiquement la plus avantageuse » (Ordonnance du 23 juillet 2015).

La procédure formalisée de droit commun est celle de l'appel d'offres, mais il est aussi possible de recourir à une procédure adaptée moins formaliste, en fonction essentiellement du montant du marché.

Concernant les contrats de concession, qui sont *« des contrats conclus par écrit, par lesquels une ou plusieurs autorités concédantes confient l'exécution de travaux ou la gestion d'un service à un ou plusieurs opérateurs économiques, à qui est transféré un risque lié à l'exploitation de l'ouvrage ou du service, en contrepartie soit du droit d'exploiter l'ouvrage ou le service qui fait l'objet du contrat, soit de ce droit assorti d'un prix»* (Ordonnance du 29 janvier 2016).

Un contrat de concession au sens de l'ordonnance de 2016 peut ainsi être un contrat de concession relevant de la catégorie particulière des délégations de service public, mais il peut s'agir tout aussi bien d'un contrat d'affermage (contrat dans lequel le propriétaire d'un bien « bailleur » en confie l'exploitation à un « fermier »).

Comme pour les marchés publics, les formalités de publicité et les règles de mise en concurrence dépendent essentiellement du montant du contrat de concession.

4. La violation des règles de mise en concurrence

Dans tous les cas, la violation des règles de mise en concurrence peut donner lieu à la mise en œuvre **de la procédure de référé précontractuel** qui permet au juge administratif des référés d'interdire la signature du contrat (Code de justice administrative, art. L. 551-1).

A défaut de référé précontractuel, la décision de conclure le contrat pourra néanmoins être annulée par le juge de l'excès de pouvoir si elle est illégale, ce qui pourra rejaillir sur le contrat lui-même.

Il existe également **une procédure de référé contractuel** qui peut être exercée après que le contrat ait été conclu et qui a également pour objet de sanctionner les manquements aux obligations des règles de publicité et de mise en concurrence préalable (Code de justice administrative, art. L. 551-13 s.).

Peuvent agir les personnes qui ont un intérêt à conclure le contrat et qui sont susceptibles d'être lésées par ces manquements, ainsi que le représentant de l'Etat dans le cas des contrats passés par une collectivité territoriale ou un établissement public local.

Des sanctions pénales sont prévues en cas d'atteintes à l'égalité entre les candidats. Sont plus précisément concernés les délits de prise illégale d'intérêt (Code pénal, art. 432-12) et de favoritisme (Code pénal, art. 432-14).

5. Le contenu du contrat

La liberté contractuelle conduit à considérer que le contenu des contrats administratifs peut être extrêmement variable. Toutefois, ici encore, des textes peuvent imposer un contenu plus ou moins précis, en fonction du type de contrats qu'ils visent, ainsi que la présence de documents annexes.

Par exemple, les conditions d'exécution des marchés publics sont définies par **des cahiers des charges**. Les règles générales sont définies par les cahiers des clauses administratives générales et des clauses techniques générales qui sont des documents types établis par arrêté du ministre de l'Economie et des Finances.

Les conditions particulières à chaque marché considéré, qui dérogent à ces documents, sont mentionnées, quant à elles, par les cahiers des clauses administratives particulières et des clauses techniques particulières.

B. Concernant l'exécution des contrats administratifs

1. Les pouvoirs de l'Administration

L'Administration contractante dispose d'un certain nombre de prérogatives qu'elle peut exercer sur son cocontractant. Parmi elles, on peut citer notamment :

- **Le pouvoir de direction et de contrôle de l'exécution du contrat** : si le cocontractant privé dispose d'une liberté pour exécuter le contrat, l'Administration peut le contrôler, notamment en lui adressant des notes de service ou en lui imposant l'exécution personnelle du contrat ;

- **Le pouvoir de sanction** : si l'Administration considère que le cocontractant a commis une faute, elle a le pouvoir de lui infliger des sanctions telles que des amendes, des sanctions coercitives voire la mise en régie du prestataire défaillant qui consiste à exécuter tout ou partie du marché avec le matériel et le personnel du titulaire, à ses frais et risques ;

- **Le pouvoir de résiliation unilatérale du contrat** : qui peut être prononcée à titre de sanction ou si l'intérêt général l'exige ;

- **Le pouvoir de modification unilatérale des règles du contrat** : En droit privé, les règles du contrat sont en principe immuables. Si elles sont modifiées, c'est d'un commun accord. En droit administratif, l'Administration peut imposer à son cocontractant des règles nouvelles, surtout dans les concessions de services publics (ex. : éclairage public). Il s'agit alors d'adapter le service public à une situation nouvelle. Le cocontractant ne peut pas refuser ces obligations nouvelles sauf si les modifications à ce contrat sont trop nombreuses. S'il doit accepter ces modifications nouvelles, il aura néanmoins droit à une compensation financière.

2. Les droits du cocontractant de l'Administration

Le cocontractant de l'Administration bénéficie du droit d'être rémunéré pour les prestations réalisées prévues au contrat, ainsi que du droit d'être indemnisé de certaines dépenses supplémentaires qui n'étaient pas prévues à l'origine telles que des dépenses liées à l'exercice du pouvoir de modification unilatérale du contrat ou à des difficultés matérielles non prévues.

Le cocontractant de l'Administration bénéficie aussi du **principe de l'équilibre financier des contrats administratifs** qui est la contrepartie des prérogatives de l'Administration.

Ce principe de l'équilibre financier a été établi par la jurisprudence à travers deux grandes théories :

- **La théorie du fait du Prince**

Il y a théorie du fait du Prince dans deux hypothèses : d'une part, lorsque l'autorité administrative veut imposer des obligations nouvelles ou modifier d'anciennes obligations du cocontractant et d'autre part, lorsque l'Administration contractante va aggraver les charges du cocontractant, non pas sur la base du contrat lui-même mais à un autre titre, en se fondant sur d'autres dispositions (par exemple un maire qui utiliserait son pouvoir de police).

La théorie du fait du Prince a été définie par le Conseil d'Etat 15/07/1959 (Société des Alcools du Vexin). Elle prévoit l'indemnisation intégrale du cocontractant c'est-à-dire non seulement la réparation du dommage, mais aussi le manque à gagner qu'il peut subir.

- **La théorie de l'imprévision**

Il y a théorie de l'imprévision sous deux conditions : d'une part, il faut qu'il y ait des événements imprévisibles et indépendants de la volonté des deux parties (guerre, crise économique majeure...) et d'autre part, il faut que ces événements entrainent le bouleversement de l'économie du contrat, rendant très difficile la poursuite son exécution par le cocontractant.

En vertu de cette théorie, l'Administration doit aider son cocontractant qui participe au fonctionnement du pouvoir public. Cette théorie a été mise en place le 30/03/1916 (Compagnie générale d'éclairage de Bordeaux – Conseil d'Etat).

L'événement doit être étranger à la volonté des parties, contrairement au cas envisagé par la théorie du fait du prince. Il peut s'agir d'un aléa économique ou de l'intervention d'un tiers. Il doit être également anormal et imprévisible lors de la conclusion du contrat. Comme son effet est temporaire, il ne constitue pas un cas de force majeure qui pourrait alors entraîner la fin du contrat.

En effet, si le bouleversement de l'économie du contrat continue pendant plusieurs années, la résiliation du contrat peut être prononcée par le juge administratif à la demande de l'Administration ou de l'entreprise privée (Conseil d'Etat – 09/12/1932, Compagnie des tramways de Cherbourg).

3. <u>La fin des contrats administratifs</u>

Un contrat se termine normalement lorsque l'objet pour lequel il a été conclu s'est réalisé.

Par exemple, un marché de fournitures (contrat administratif par lequel l'Administration achète des fournitures) se termine lorsque les fournitures sont fournies et le montant payé.

Le juge administratif ou l'Administration elle-même peuvent aussi procéder à la résiliation avant le terme du contrat administratif :

- **La résiliation par le juge administratif**

Il peut résilier un contrat administratif à la demande du cocontractant privé de l'Administration (en cas de force majeure ou dans le cadre de la théorie de l'imprévision si elle s'applique pendant plusieurs années voire quand l'Administration utilise son pouvoir de modification unilatérale de façon excessive) mais aussi à la demande de l'Administration (quand elle veut mettre fin par exemple à un contrat de concession de service public)

- **La résiliation par l'Administration elle-même**

L'Administration peut, de façon unilatérale, sans passer par le juge, mettre fin à un contrat (sauf si c'est un contrat de concession service public, auquel cas la présence du juge est nécessaire) soit à titre de sanction contre le cocontractant qui aurait commis une faute dans l'exécution du contrat, soit lorsque l'intérêt public l'exige. Dans ce cas, elle doit indemniser intégralement le cocontractant pour le dommage subi par la résiliation anticipée du contrat.

III. Le cas spécifique du contrat de concession de service public

C'est une catégorie particulière de contrat administratif. On appelle contrat de concession de service public un contrat qui a pour objet de confier à un cocontractant (en principe une personne privée) l'exécution d'un service public.

Ces contrats appartiennent à une catégorie plus vaste de contrats : **les délégations de service public** (le plus important étant le contrat de service public).

Le concessionnaire (cocontractant) est chargé par l'Administration de faire fonctionner un service public moyennant le droit de se rémunérer sur les usagers du service public.

Par exemple, une mairie peut faire un contrat de concession de service public avec un service de transport. Le transporteur va alors se rémunérer par le billet qui sera payé par les usagers mais aussi grâce aux subventions administratives.

Historiquement, ces contrats se sont développés pendant le 19ème siècle dans deux grands domaines : les travaux publics et la gestion du domaine public. Puis, l'objet de ces contrats a été étendu aux services publics industriels et commerciaux ainsi qu'aux services publics administratifs.

En pratique, pour faire fonctionner un service public, l'Administration a trois procédés à sa disposition :

- **gérer elle-même le service public** (on parle de régie) ;

- **créer un établissement public doté d'une personnalité juridique propre** (personne morale de droit public). L'Administration les contrôle par tutelle. Par exemple, jusqu'en 1968, les universités étaient des services publics directement gérées par l'Education nationale (en régie). Depuis 1968, les universités sont des établissements publics autonomes ;

- **confier à un cocontractant** le soin de faire fonctionner le service public (on parle de concession).

A. Le contenu du contrat de concession de service public

Il comprend en principe deux parties:

- **une convention** (contrat librement débattu par les deux parties) ;

- **un cahier des charges** (acte mixte car il comporte à la fois des clauses contractuelles et des clauses de nature réglementaire que l'Administration impose au concessionnaire).

B. Les droits et les obligations du concessionnaire

1. Les droits du concessionnaire

Le concessionnaire a deux types principaux de droits :

- **des droits relatifs à la gestion du service public**

Le concessionnaire peut bénéficier de l'usage de biens du domaine privé ou du domaine public appartenant à l'autorité administrative concédante. Toute Administration possède un domaine privé (biens que seules certaines personnes peuvent utiliser – ex : location d'immeuble) et un domaine public (biens utilisables par tous – ex : chaussées, trottoirs…). Le concessionnaire peut parfois aussi être investi de prérogatives de service public (pouvoir de police administrative par exemple).

- **des droits financiers**

D'une part, le concessionnaire peut être rémunéré par des taxes perçues sur les usagers du service public, en contrepartie de son service rendu. D'autre part, le concessionnaire a le droit à l'équilibre financier du contrat (indemnisation intégrale par l'application de la théorie du fait du prince si l'administration lui impose des clauses et application de la théorie de l'imprévision en cas d'événements bouleversant l'exécution du contrat).

2. Les obligations du concessionnaire

Le concessionnaire doit assurer le fonctionnement du service public et respecter les différents principes concernant le service public tels que :

- **le principe de la continuité du service public** (doit fonctionner en permanence) ;
- **le principe de l'égalité des usagers devant le service public** (pas de discrimination possible).

Le concessionnaire doit aussi accepter les obligations nouvelles que peut lui imposer l'Administration ou adapter le service public aux nouvelles exigences de l'intérêt général.

C. La fin du contrat de concession de service public

Le contrat de concession de service public se termine normalement lorsqu'expire la durée de la concession. Mais, les parties peuvent aussi demander en justice la résiliation du contrat si l'une d'elles ne respecte pas ses obligations.

Chapitre 3 – La justice administrative

La justice administrative est apparue sous la Révolution française pour éviter que la justice judiciaire s'immisce dans les affaires de la puissance publique.

Section 1 - La compétence administrative

La compétence juridictionnelle constitue la base de la recevabilité d'une action en justice. En France, les juridictions administratives ont compétence pour connaître les litiges opposant une personne privée à l'Etat, à une collectivité territoriale, à un établissement public ou à un organisme privé chargé d'une mission de service public.

Lorsqu'il existe une difficulté d'interprétation dans la détermination de la compétence de la juridiction (judiciaire ou administrative), **le Tribunal des conflits** peut être saisi.

Il s'agit de l'organe paritaire (formé de quatre conseillers d'Etat et de quatre conseillers à la Cour de cassation ainsi que d'un Président : le Ministre de la justice) qui est chargé de déterminer, en cas de conflit, la répartition des compétences entre les juridictions judiciaires et les juridictions administratives.

L'ordre juridictionnel administratif, en principe, applique dans ses décisions le droit administratif, mais il arrive qu'il applique parfois le droit privé. De la même manière, la Cour de Cassation (ordre juridictionnel judiciaire) applique dans ses décisions le droit privé mais il peut aussi être amené à faire appliquer le droit administratif.

Section 2 – Les juridictions administratives

Il est possible de distinguer trois niveaux de juridictions administratives ainsi que des juridictions administratives spécifiques.

I. Les tribunaux administratifs

Ce sont les juridictions administratives de première instance (depuis 2009, on en comptabilise 31 en métropole et 11 en outre-mer). Le ressort de chacun d'eux correspond généralement à une région ou collectivité d'outre-mer, mais certains ressorts sont simplement composés d'un ou plusieurs départements. Ils sont généralement désignés par le nom de la ville où ils se situent.

Le tribunal administratif est le juge de droit commun du contentieux administratif.

Ce tribunal juge toutes les contestations dirigées contre les actes et décisions de l'Administration, à l'exception des affaires attribuées spécialement par la loi à d'autres juridictions administratives, comme le Conseil d'État.

Il examine notamment les recours contre les actes de l'État, d'un département ou d'une commune (comme un arrêté), les actions en responsabilité dirigées contre les services publics administratifs et les dommages causés par l'activité des services publics, les actions en matière de recouvrement des créances publiques, les contestations portant sur un contrat administratif (ex : marché de travaux publics)…

Le tribunal administratif est également le juge du contentieux des impôts directs, des élections municipales et cantonales, du contentieux de la fonction publique, de la police des étrangers…

II. Les Cours administratives d'appel

Ce sont les juridictions compétentes en appel (8 au total).

Instituées en 1987, elles examinent les recours en appel dirigés contre les jugements administratifs, à l'exception de ceux portant sur les recours en appréciation de légalité, sur des litiges relatifs aux élections municipales et cantonales, et sur les recours pour excès de pouvoir formés contre les actes réglementaires.

Elles sont également compétentes pour les appels formés contre les jugements des commissions du contentieux de l'indemnisation des rapatriés.

III. Le Conseil d'Etat

Créé en 1799 et siégeant à Paris au Palais royal, le Conseil d'État est à la fois :

- **Juge en premier et dernier ressort**

Le Conseil d'Etat est directement compétent dans des cas exceptionnels ou pour des affaires importantes telles que les demandes d'annulation dirigées contre un décret du Président de la République ou du Premier ministre ou contre les actes réglementaires des ministres ; les litiges relatifs à la situation des fonctionnaires et agents civils et militaires de l'Etat, nommés par décret du Président de la République ; les recours contre les élections aux conseils régionaux et au parlement européen ; les recours contre les décisions d'autorités administratives collégiales à compétence nationale comme la Commission nationale de l'informatique et des libertés ou le Conseil supérieur de l'audiovisuel…

- **Juge d'appel**

Le Conseil d'Etat examine les recours contre certains jugements des tribunaux administratifs tels que les recours en appréciation de la légalité des actes administratifs, litiges relatifs aux élections municipales et cantonales.

- **Juge de cassation**

Le Conseil d'Etat examine les recours dirigés contre les décisions des Cours administratives d'appel et celles des juridictions administratives statuant sans possibilité d'appel (Cour des comptes, Cour de discipline budgétaire et financière, commission de recours des réfugiés…).

Comme pour la Cour de cassation (concernant l'ordre judiciaire), le Conseil d'Etat veille simplement au respect de la procédure et à l'application du droit (il ne juge pas une troisième fois le litige)

Juridiction suprême de l'ordre administratif, le Conseil d'État est aussi le "conseiller" du Gouvernement. Il examine et donne un avis sur les projets de loi, d'ordonnances et sur les projets de décret les plus importants, à la demande du Gouvernement ou à sa propre initiative.

Depuis la réforme constitutionnelle du 23 juillet 2008, le Conseil d'Etat peut également être saisi par le président de l'Assemblée nationale ou du Sénat d'une proposition de loi élaborée par les parlementaires.

IV. Les autres juridictions administratives

Il existe de nombreuses juridictions administratives spécialisées qui peuvent statuer en premier ressort ou en appel, notamment :

- les commissions d'indemnisation des rapatriés ;

- les commissions départementales de l'aide sociale ;

- les commissions départementales des handicapés ;

- la Cour nationale du droit d'asile…

Par ailleurs, il existe aussi des juridictions chargées de contrôler et juger les comptes de l'Etat, des collectivités territoriales, des établissements publics ou des groupements financés ou subventionnés : la Cour des comptes, les chambres régionales des comptes ou la Cour de discipline budgétaire et financière.

Exercice d'application n°8

QUIZ : Vrai ou faux ?

Indiquez si chacune des affirmations suivantes est vraie ou fausse en justifiant votre réponse.

1. La décentralisation correspond à un transfert du pouvoir central vers un représentant local du pouvoir central

2. Seules les personnes publiques peuvent prendre des actes administratifs unilatéraux.

3. Un acte administratif unilatéral est obligatoirement écrit et motivé.

4. L'Administration dispose de la prérogative de réaliser ses droits par ses propres moyens sans avoir recours à l'autorisation préalable d'un juge en matière d'actes administratifs unilatéraux.

5. Un acte administratif unilatéral ne peut être annulé que suite à une décision autonome de l'Administration (retrait ou abrogation).

6. Seul un SPIC est habilité à conclure des contrats administratifs.

7. La conclusion d'un contrat administratif nécessite obligatoirement le respect de règles de mise en concurrence.

8. L'Administration peut résilier ou modifier unilatéralement un contrat administratif sans même indemniser son co-contractant.

9. Pour faire fonctionner un service public, l'Administration a seulement deux grands procédés à sa disposition.

10. Le conseil d'Etat est la juridiction suprême de l'ordre administratif. Son rôle est d'examiner les recours dirigés contre les décisions des cours administratives d'appel et celles des juridictions administratives statuant sans possibilité d'appel.

PARTIE 9
DROIT DE LA CONCURRENCE

Notre économie de marché est fondée sur le principe de la libre concurrence, consacré aussi bien par le Code de commerce que par les traités européens.

Les racines de ce principe découlent du décret d'Allarde de 1791 qui consacrait à l'époque la liberté du commerce et de l'industrie.

La liberté de concurrence incite donc les entreprises à être performantes et compétitives faute de quoi elles risquent de perdre des parts de marché ou, dans le pire des cas, disparaître.

Dans cette lutte économique pour attirer la clientèle, des règles doivent être mises en place, il s'agit **du droit de la concurrence** qui est un ensemble de règles qui visent à protéger :

- **le bon fonctionnement du marché** en veillant au respect du principe de liberté de la concurrence ;

- **les entreprises elles-mêmes** (partenaires ou concurrentes) en empêchant les comportements fautifs et déloyaux.

Chapitre 1 – Les règles visant à protéger le marché

La protection du marché passe essentiellement par deux grands types de mesures.

Section 1 – L'interdiction des pratiques anticoncurrentielles

I. Les ententes illicites

Une entente est un accord qui permet à deux ou plusieurs entreprises de mener à bien un projet ou d'exercer une activité commune via la mise en place d'un partenariat.

En principe, si elles ont des effets bénéfiques pour le progrès technique ou n'ont pas pour unique but d'éliminer des concurrents, les ententes sont licites et donc autorisées.

Cependant, si elles portent atteinte à la concurrence, celles-ci sont illicites et donc interdites.

Ainsi, tel est le cas d'accords visant à boycotter collectivement un fournisseur ou un distributeur mais encore d'accords visant à fixer des prix en concertation.

C'est l'article L 420-1 du code de commerce qui vient interdire les ententes illicites dont les plus courantes sont celles qui ont pour but de :

- limiter l'accès au marché ;
- faire obstacle à la fixation des prix par le libre jeu de la concurrence ;
- limiter ou contrôler la production, les débouchés ou le progrès technique ;
- répartir les marchés entre concurrents.

II. Les abus de domination

Qu'une entreprise tire avantage de sa position de leader sur le marché n'est ni illogique ni illicite. Ce que le droit réprouve, c'est l'abus de domination sur le marché.

C'est le cas notamment quand une entreprise exerce sur un marché une influence décisive et défavorable à la confrontation concurrentielle. En pratique, deux situations sont sanctionnées par le droit.

A. L'abus de position dominante

La domination d'un marché se caractérise par les parts de marché détenues ou toute autre situation permettant à l'entreprise de s'affranchir des contraintes de la concurrence (telle une supériorité technologique par exemple).

La position dominante n'est pas répréhensible en soi. Seul l'abus est sanctionné. L'entreprise Microsoft a ainsi été condamnée pour avoir profité de sa situation de quasi-monopole sur le marché des logiciels de système d'exploitation pour vendre dans le même temps un logiciel de lecteur multimédia.

B. L'abus de dépendance économique

Cette notion a été instituée pour contrôler les entreprises qui, sans détenir de position dominante, sont des partenaires obligés pour leurs clients ou fournisseurs (en raison de leur notoriété par exemple).

L'état de dépendance n'est pas répréhensible en soi. Seul l'abus est sanctionné.

Des grands groupes industriels, partenaires d'entreprises de la grande distribution, ont ainsi été condamnés pour avoir profité de leur situation pour imposer une politique de prix poussant indirectement à la revente à perte.

C'est l'article L 420-2 du code de commerce qui vient sanctionner à la fois les abus de position dominante (alinéa 1) et les abus de dépendance économique (alinéa 2) qui le plus souvent consistent *« en refus de vente, en ventes liées ou en conditions de vente discriminatoires ainsi que dans la rupture de relations commerciales établies, au seul motif que le partenaire refuse de se soumettre à des conditions commerciales injustifiées. »*

En France, c'est l'autorité de la concurrence (depuis la loi LME de 2008) qui examine les opérations anti-concurrentielles et peut prononcer des injonctions de cesser et infliger des sanctions.

L'article L420-6 du code de commerce prévoit ainsi une peine d'emprisonnement de 4 ans et une amende de 75000 euros en cas de pratiques anticoncurrentielles.

Au niveau communautaire, c'est la commission européenne qui remplit cette fonction.

Section 2 – Le contrôle des opérations de concentration

Selon l'article L 430-1 du code du commerce, *« une opération de concentration est réalisée :*

1° Lorsque deux ou plusieurs entreprises antérieurement indépendantes fusionnent ;

2° Lorsqu'une ou plusieurs personnes, détenant déjà le contrôle d'une entreprise au moins ou lorsqu'une ou plusieurs entreprises acquièrent, directement ou indirectement, que ce soit par prise de participation au capital ou achat d'éléments d'actifs, contrat ou tout autre moyen, le contrôle de l'ensemble ou de parties d'une ou plusieurs autres entreprises. »

I. Les raisons du contrôle

Une concentration est donc un regroupement d'entreprises (par simple prise de participation, absorption ou fusion) afin d'accroître leur influence sur le marché.

Ce processus entraîne forcément une baisse des offreurs sur le marché et donc des problèmes d'atomicité du marché pouvant déboucher alors sur des situations de quasi-monopoles inquiétantes.

II. Les moyens de contrôle

En principe, la concentration d'entreprises est une démarche licite qui permet à celles-ci de gagner en importance et en force sur le marché.

Cependant, en pratique, cette démarche est très contrôlée pour éviter de fausser le jeu de la concurrence.

Différents moyens sont utilisés à cet effet aussi bien en France qu'au sein de l'Union européenne.

A. En France

Pour contrer les excès possibles d'une concentration, le droit français a mis en place un contrôle préalable de l'opération par le ministère de l'économie et de finances qui peut aussi demander l'avis de l'autorité de la concurrence.

Ce contrôle n'est effectué que quand les opérations de concentration atteignent un seuil de chiffre d'affaires hors taxe cumulés de 50 millions d'euros en France.

B. Au sein de l'Union européenne

Les concentrations de dimension communautaire doivent impérativement être préalablement autorisées par la Commission européenne.

Le marché européen étant plus vaste que le marché français, ce contrôle n'est effectué que quand les opérations de concentration atteignent un seuil de chiffre d'affaires total hors taxe cumulés de 5 milliards d'euros.

Chapitre 2 – Les règles visant à protéger les concurrents

La protection des concurrents et des partenaires passe par trois grands types de mesures.

Section 1 – L'interdiction de la concurrence déloyale

La lutte pour la conquête de la clientèle peut être sévère et chacun peut essayer d'user des moyens les plus efficaces.

Quand les comportements d'une entreprise constituent une faute révélant une atteinte à la déontologie de la vie des affaires, on parle alors de « concurrence déloyale ».

Dans ce cas, il est alors possible d'engager une action en justice basée sur l'article 1240 du Code civil relatif à la responsabilité civile délictuelle en vertu duquel *« Celui qui commet une faute entraînant un préjudice doit le réparer »*.

I. Les exemples de pratiques déloyales

Les pratiques déloyales sont nombreuses. Il est néanmoins possible d'en distinguer 4 principales.

A. La confusion

Il y a confusion quand une entreprise profite de la notoriété d'un concurrent en imitant sa marque ou en adoptant un nom proche (imitation).

La copie pure et simple, ou s'inspirant nettement d'une marque préexistante ou du nom d'une de ses entreprises concurrentes est ainsi un acte de concurrence déloyale.

La totale similitude n'est pas exigée. Il peut s'agir d'une simple ressemblance qui crée un réel risque de confusion pour un client pas très attentif.

La concurrence déloyale permet de sanctionner également l'imitation de publicité et la confusion crée sur les produits ou services de cette entreprise.

En pratique, les moyens utilisés pour créer une confusion sont nombreux comme par exemple l'utilisation de son propre nom patronymique pour commercialiser un produit identique fabriqué par un concurrent dans le but de provoquer une confusion et de bénéficier de la notoriété acquise par le premier fabricant ou l'imitation de publicité qui est répréhensible lorsqu'elle est de nature à créer dans l'esprit des clients une confusion avec des établissements ou des produits concurrents.

Dans ce domaine, la responsabilité de l'annonceur ou de l'agence de publicité peut être retenue conjointement pour n'avoir pas vérifié la licéité de l'annonce diffusée.

On trouve souvent le cas de l'imitation de signes distinctifs ou de noms de domaines s'agissant des sites web afin notamment d'utiliser la notoriété de telle ou telle société.

B. Le dénigrement

Il y a dénigrement quand une entreprise décrédibilise un concurrent en le critiquant par le biais d'une affirmation malicieuse dirigée contre lui dans le but de détourner sa clientèle notamment en discréditant les produits, le travail ou la personne de celui-ci.

Le dénigrement peut également viser les prix ou les services de l'entreprise concurrente ou les méthodes employées.

Le dénigrement ouvre droit à réparation lorsque l'entreprise visée est désignée, expressément ou implicitement, ou identifiable par sa clientèle.

C. Le parasitisme

Il y a parasitisme quand une entreprise tente de profiter de la clientèle d'une autre en s'immisçant dans son sillage afin de tirer profit, sans rien dépenser, de ses efforts et de son savoir.

L'agissement parasitaire est en effet le fait, pour une entreprise, de vouloir s'approprier le travail d'un concurrent.

Les avantages tirés du parasitisme sont multiples : réduction notable des investissements matériels et intellectuels, gain de temps, prise de risque limitée…

Cette faute apparaît souvent sous la forme de l'utilisation de noms commerciaux ou de marques connues pour désigner d'autres produits.

D. La désorganisation

Il y a désorganisation quand une entreprise utilise certaines méthodes pour désorganiser son concurrent.

La désorganisation peut concerner le personnel de l'entreprise, comme par exemple le fait pour un employeur de débaucher un salarié d'une entreprise concurrente sachant que ce salarié est encore sous contrat avec son employeur.

Elle peut aussi viser l'entreprise elle-même dans ses structures ou ses méthodes de travail comme par exemple la dégradation par un concurrent de panneaux publicitaires, le piratage du site Internet de l'entreprise visée ou encore le détournement de listes de clients ou de fournisseurs d'un concurrent obtenues avec le concours d'un ancien salarié de ce dernier.

II. Les conditions de mise en œuvre

S'il y a concurrence déloyale, la victime peut agir en justice devant les juridictions de droit privé telles qu'un tribunal de commerce ou un tribunal civil selon les cas.

Cette action est basée sur l'article 1240 du code civil relatif à la responsabilité civile délictuelle. Il appartient donc à la victime d'un comportement qu'elle juge déloyal d'apporter la preuve des trois éléments de la responsabilité civile délictuelle.

A. Une faute

Il s'agit de prouver que le concurrent a eu un comportement déloyal en pratiquant la confusion, le dénigrement, le parasitisme ou la désorganisation par exemple.

B. Un dommage

Il s'agit de prouver un préjudice qui peut être matériel (comme la perte de clientèle qui se traduit par une baisse du chiffre d'affaires) ou moral (comme l'affaiblissement de l'image de marque ou de la réputation de la victime).

C. Un lien de causalité entre la faute et le dommage

Comment être certain que la baisse du chiffre d'affaires constatée est effectivement liée au comportement fautif du concurrent en cause ? En pratique, dans un souci de protection d'une certaine moralité des affaires, les tribunaux ont tendance à présumer le lien de cause à effet lorsque le comportement déloyal et le dommage sont clairement établis.

III. Les sanctions

La sanction classique d'un comportement fautif en droit de la responsabilité civile est le versement de dommages et intérêts à la victime pour réparer le préjudice subi.

Mais d'autres sanctions peuvent aussi être prononcées comme :

- la cessation du comportement déloyal (souvent sous astreinte) ;
- la publication de la décision dans un ou plusieurs journaux aux frais du défendeur.

Le comportement déloyal peut aussi correspondre à une infraction pénale et tomber ainsi sous le coup d'une sanction pénale. Il en est ainsi par exemple d'une publicité trompeuse, du piratage d'une base de données informatique, du débauchage systématique du personnel d'un concurrent…

Section 2 – La lutte contre la contrefaçon

Si l'on s'intéresse plus particulièrement aux droits de propriété industrielle, tels que les marques, les brevets d'invention ou les dessins et modèles, on observe qu'ils peuvent bénéficier d'une protection juridique particulière par le biais de l'action en contrefaçon. En effet, en cas d'imitation, l'action en concurrence déloyale (pour confusion) ne constitue pas l'instrument idéal de protection de ces éléments d'attraction de la clientèle.

Cette protection spécifique est néanmoins soumise à conditions et passible de sanctions propres.

I. Les conditions de la protection contre la contrefaçon

A. Pour les brevets d'invention

Selon les articles L 611-10 et suivants du code de la propriété intellectuelle, trois éléments doivent être réunis :

- le caractère brevetable de l'invention ;
- sa conformité à l'ordre public et aux bonnes mœurs ;
- le respect de la procédure de délivrance des brevets.

B. Pour les marques

Selon les articles L 711-2 et suivants du code de la propriété intellectuelle, cinq éléments doivent être réunis :

- le caractère distinctif du sigle retenu ;
- sa conformité à l'ordre public et aux bonnes mœurs ;
- son caractère non déceptif ;
- sa disponibilité ;
- le respect de la procédure de dépôt et d'enregistrement des marques.

C. Pour les dessins et modèles

Selon les articles L 511-3 et suivants du code de la propriété intellectuelle, deux éléments doivent être réunis :

- le caractère concret et nouveau de la réalisation ;
- le respect de la procédure de dépôt.

Si ces conditions sont respectées, le déposant bénéficie d'un monopole d'exploitation protégé juridiquement pour une durée de 20 ans non renouvelable pour le brevet, de 10 ans indéfiniment renouvelable pour la marque et de 25 ans prorogeable une fois pour le dessin ou le modèle.

II. Les sanctions de la contrefaçon

En matière de contrefaçon, il est possible de distinguer deux types de sanctions.

A. Les sanctions civiles

La contrefaçon engage la responsabilité civile délictuelle ou quasi-délictuelle du contrefacteur et donc sa condamnation au paiement de dommages et intérêts correspondant au préjudice subi par la victime de la contrefaçon.

En vertu des articles 1240 (délictuelle) et 1241 (quasi-délictuelle) du code civil, 3 conditions sont nécessaires pour engager la responsabilité civile d'une personne : une faute, un dommage et un lien de causalité entre la faute et le dommage.

Par ailleurs, le juge peut décider d'interdire à tout contrefacteur, de bonne ou de mauvaise foi, de poursuivre l'exploitation des droits de propriété intellectuelle détenus par un tiers mais aussi ordonner que les produits contrefaits ainsi que les matériaux et instruments ayant servi à leur création soient rappelés et écartés des circuits commerciaux puis détruits ou confisqués au profit de la victime.

B. Les sanctions pénales

L'action pénale permet de déclencher une enquête de police, mais également d'obtenir la condamnation du contrefacteur à une peine d'amende et/ou de prison. Malgré une préférence nette pour l'action civile en cette matière, certaines entreprises agissent systématiquement au pénal, car elles considèrent que la sanction pénale est plus dissuasive pour les contrefacteurs.

Qu'il s'agisse de la contrefaçon de dessins et modèles (article L. 521-2 et suivants du code de la propriété intellectuelle) ou de brevet d'invention (article L. 615-14 et suivants du code de la propriété intellectuelle), les peines sont identiques et sont de trois ans d'emprisonnement et de 300 000 euros d'amende à l'encontre des personnes physiques.

Toutefois, la contrefaçon de marques de fabrique, de commerce et de service (article L. 716-9 et suivants du code de la propriété intellectuelle) est punie de quatre ans d'emprisonnement et de 400 000 euros d'amende.

Pour les personnes morales, l'amende est égale au quintuple de celle prévue pour les personnes physiques (article 131-38 du Code pénal) et les peines mentionnées à l'article 131-39 du Code pénal sont applicables : dissolution, fermeture, placement sous surveillance électronique…

Par ailleurs, lorsque l'infraction est commise en bande organisée, les peines sont portées à cinq ans d'emprisonnement et 500 000 euros d'amende.

Enfin, en cas de récidive, les peines sont doublées. Mais la loi prévoit en plus des peines complémentaires communes aux différents droits de propriété intellectuelle : la fermeture totale ou partielle, définitive ou temporaire, pour une durée de cinq ans au plus, de l'établissement ayant servi à commettre l'infraction ; la confiscation des titres de propriété industrielle, des produits et œuvres contrefaisants et du matériel spécialement destiné à leur contrefaçon ; et l'affichage du jugement ou de sa publication aux frais du prévenu. Les mêmes peines sont prévues pour les personnes morales (article 131-39 du Code pénal).

Section 3 – Le contrôle des pratiques restrictives de concurrence

A côté des pratiques anticoncurrentielles qui sont appréciées en fonction de leur objet, le droit de la concurrence vient aussi contrôler les pratiques restrictives de concurrence qui sont interdites en tant que telles sans qu'il soit en principe tenu compte d'un quelconque effet produit sur le marché.

Parmi les diverses pratiques restrictives de concurrence, il est possible d'en distinguer deux grands types.

I. Les pratiques relatives aux prix

On peut citer ici trois exemples concrets.

- ***L'interdiction de la revente à perte***

Selon l'article L 422-2 du Code de commerce, *« Le fait, pour tout commerçant, de revendre ou d'annoncer la revente d'un produit en l'état à un prix inférieur à son prix d'achat effectif est puni de 75 000 euros d'amende. »*

Ce même article précise que *« le prix d'achat effectif est le prix unitaire net figurant sur la facture d'achat, minoré du montant de l'ensemble des autres avantages financiers consentis par le vendeur exprimé en pourcentage du prix unitaire net du produit et majoré des taxes sur le chiffre d'affaires, des taxes spécifiques afférentes à cette revente et du prix du transport. »*

Des sanctions civiles (versement de dommages et intérêts voire diffusion éventuelle du jugement de condamnation) et pénales (amende pouvant aller jusqu'à 75 000 euros) peuvent être prononcées.

La loi prévoit néanmoins des exceptions, c'est-à-dire des cas où la revente à perte est possible, qui sont énumérés par l'article L 422-4 du code du commerce tels que les produits soldés, les produits qui ne répondent plus à la demande générale, les produits saisonniers, les produits alimentaires...

- ***L'interdiction des prix abusivement bas***

Selon l'article L 420-5 du Code de commerce, *« Sont prohibées les offres de prix ou pratiques de prix de vente aux consommateurs abusivement bas par rapport aux coûts de production, de transformation et de commercialisation, dès lors que ces offres ou pratiques ont pour objet ou peuvent avoir pour effet d'éliminer d'un marché ou d'empêcher d'accéder à un marché une entreprise ou l'un de ses produits. »*

Ce texte vient compléter l'interdiction de la revente à perte, qui ne concerne que les produits revendus en l'état, sans transformation aucune alors que l'interdiction des prix abusivement bas s'applique uniquement aux produits transformés par le vendeur.

C'est l'Autorité de la concurrence qui est compétente pour statuer en matière de prix abusivement bas. Des sanctions pécuniaires et des injonctions peuvent ainsi être ordonnées.

- ***L'interdiction des prix minima de revente imposés***

Selon l'article L 442-5 du Code de commerce, *« Est puni d'une amende de 15 000 euros le fait par toute personne d'imposer, directement ou indirectement, un caractère minimal au prix de revente d'un produit ou d'un bien, au prix d'une prestation de service ou à une marge commerciale. »*

Il convient de noter néanmoins que si la fixation d'un prix minimum de revente est interdite, la pratique des prix conseillés reste licite. Tout fabricant, grossiste ou importateur peut donc « conseiller » des prix de revente à ses distributeurs.

II. Les pratiques relatives aux relations interentreprises

L'article L 442-6 du code de commerce énumère un certain nombre de pratiques prohibées entre les entreprises.

Ainsi, engage par exemple la responsabilité de son auteur et l'oblige à réparer le préjudice causé le fait, par tout producteur, commerçant, industriel ou personne immatriculée au répertoire des métiers :

1° D'obtenir ou de tenter d'obtenir d'un partenaire commercial un avantage quelconque ne correspondant à aucun service commercial effectivement rendu ou manifestement disproportionné au regard de la valeur du service rendu ;

2° De soumettre ou de tenter de soumettre un partenaire commercial à des obligations créant un déséquilibre significatif dans les droits et obligations des parties ;

3° D'obtenir ou de tenter d'obtenir un avantage, condition préalable à la passation de commandes, sans l'assortir d'un engagement écrit sur un volume d'achat proportionné et, le cas échéant, d'un service demandé par le fournisseur et ayant fait l'objet d'un accord écrit ;

4° D'obtenir ou de tenter d'obtenir, sous la menace d'une rupture brutale totale ou partielle des relations commerciales, des conditions manifestement abusives concernant les prix, les délais de paiement, les modalités de vente ou les services ne relevant pas des obligations d'achat et de vente ;

5° De rompre brutalement, même partiellement, une relation commerciale établie, sans préavis écrit tenant compte de la durée de la relation commerciale et respectant la durée minimale de préavis déterminée, en référence aux usages du commerce, par des accords interprofessionnels (...)

Il n'y a pas ici de sanctions pénales prévues, mais exclusivement des sanctions civiles (versement de dommages et intérêts la plupart du temps et injonction de cesser les comportements illicites). Par ailleurs, les tribunaux peuvent aussi consulter la Commission d'examen des pratiques commerciales pour se prononcer sur la validité des clauses insérées dans les contrats commerciaux entre partenaires.

Exercice d'application n°9

Cas pratique

L'entreprise « Sunshine » produit des lunettes de soleil. Depuis 2 ans, elle a constaté une chute de 25% de son chiffre d'affaires, puis de 40% l'an dernier, malgré une conjoncture favorable sur ce marché. Il faut dire que depuis l'arrivée d'un nouveau concurrent, l'entreprise « Sun Chine », les choses tournent mal pour eux. En effet, l'entreprise « Sun Chine » exploite le même segment de marché, propose des prix très bas et des modèles qui ressemblent beaucoup aux leurs avec notamment le même logo pourtant déposé à l'INPI par l'entreprise « Sunshine » (un soleil couleur or).

Comble de malchance, les cinq meilleurs salariés de l'entreprise sont partis rejoindre l'entreprise « Sun Chine » suite aux déclarations publiques non fondées de son dirigeant mettant en doute la situation financière de son concurrent « Sunshine ». Le doute s'installe chez leurs clients quant à la qualité des produits vendus. Le directeur de l'entreprise « Sunshine », très inquiet, vient vous consulter il craint à présent pour la survie de son entreprise.

Travail à faire :

A l'aide de vos connaissances, vous répondrez aux questions suivantes :

1/ Qualifiez juridiquement les faits.

2/ Posez le(s) problème(s) de droit.

3/ Identifiez les règles de droit applicables.

4/ Appliquez les règles de droit applicables au cas d'espèce.

5/ Concluez en rappelant notamment la juridiction compétente et les sanctions possibles.

TABLE DES MATIERES

Revue « Marché et Organisations »
L'Harmattan

Cahiers d'économie et de gestion thématiques dont le but est de promouvoir la recherche originale sur les relations de plus en plus étroites qui se tissent entre le marché et les organisations. Les acteurs économiques de taille, de puissance et de pouvoir différents dont les intérêts peuvent être convergents, complémentaires ou, le plus souvent, antagoniques, ont tendance à organiser les marchés. La raison du marché, pourtant, est la référence stratégique pour l'entreprise ainsi que pour les institutions publiques de décision économique.

Numéros parus :

N°1 : Artisanat. La modernité réinventée, 2006
N°2 : La petite entreprise, elle a tout d'une grande. De l'accompagnement aux choix stratégiques, 2006
N°3 : Tourisme et Innovation. La force créative des loisirs, 2007
N°4 : Le travail. Formes récentes et nouvelles questions, 2007
N°5 : Les universités et l'innovation. L'enseignement et la recherche dans l'économie des connaissances, 2007
N°6 : Entrepreneuriat et accompagnement. Outils, actions et paradigmes nouveaux, 2008
N°7 : Développement durable des territoires. Economie sociale, environnement et innovations, 2008
N°8 : Développement durable et responsabilité sociale des acteurs, 2009
N°9 : Gouvernance : exercices de pouvoir, 2009
N°10 : Le travail collaboratif. Une innovation générique, 2009
N°11 : Economie sociale et solidaire. Nouvelles trajectoires d'innovations, 2010
N°12 : Relations à la marque et marques de la relation. Regards croisés sur le management relationnel de la marque, 2010
N°13 : Les contrats au service de la recherche ?, 2011
N°14 : Le potentiel économique de l'Afrique subsaharienne, 2011
N°15 : Management de la distribution, 2012
N°16 : Territoire Vert. Entreprises, Institutions, Innovations, 2012
N°17 : Eco-conception, conception et innovation. Les nouveaux défis de l'entreprise, 2013
N°18 : Intelligence économique : entreprises et territoires, 2013
N°19 : La finance globale. Un monde fini, 2013
N°20 : La crise du « développement », 2014
N°21 : La Chine innove. Politiques publiques et stratégies d'entreprise, 2014
N°22 : Go East! Nouvelles Economies de Marché, 2015
N°23 : L'économie du changement, 2015
N°24 : Le temps des artisans. Permanences et mutations, 2015
N°25 : Innovations de proximité et esprit d'entreprise, 2016
N°26 : L'avenir des économies du Maghreb : entre inertie structurelle et envie de rupture, 2016/3 (n° 27)
N°27 : Le sport aux frontières du marché du travail, 2016
N°28 : Dynamiques internationales des entreprises, 2017
N°29 : L'univers du risque, 2017
N°30 : Les petites entreprises dans l'histoire industrielle, 2017
N°31 : Economie sociale et *social business* ? Au défi d'entreprendre et se financer

Collection « L'esprit économique »

fondée par Sophie Boutillier et Dimitri Uzunidis en 1996
dirigée par Sophie Boutillier, Blandine Laperche, Dimitri Uzunidis

Dernières parutions

► ***Série Economie et Innovation***

F. PAUN, L. ALEXANDRE-LECLAIR, I. VAILEANU-PAUN, *Innover ou périr. Paroles d'experts*, 2014.
F. ABADA, *Individualiser son offre au moindre coût*, 2015.
S. MAHREZ, La division cognitive du travail dans le capitalisme postfordiste, 2016.
M.-J. POLLET-VILLARD, *L'innovation dans les services. cadre d'une analyse dynamique fondée sur les réseaux*, 2017.
B. CHRISTOPHE, *La décroissance écologique transforme l'entreprise*, 2017.
G. ACHERMANN, *Territoires d'innovation en Russie, Ambitions et contraintes d'une politique de clusterisation*, 2018.
C. ABDOU LAHAD THIAW, *Innovation localisée pour le développement économique du Sénégal*, 2018.

► ***Série Le Monde en Question***

T. BRUGVIN, *Le commerce équitable et éthique. Opportunités et limites*, 2014.
W. AMEDZRO St-HILAIRE, *Le capital global et sa régulation*, 2014.
W. AMEDZRO St-HILAIRE, *Reconstruire l'Afrique. Nouvelle gouvernance et projet de développement*, 2014.
M. SANTI, *Misère et opulence. Chroniques d'austérité globalisée*, 2015
J.-M. BOUSSARD, *Les prix agricoles. Nouveau dialogue sur le commerce des bleds*, 2017
C. BASTIDON, O. GBAGUIDI A. GHOUFRANE, A. SILEM (dir.), *Commerce, investissement et développement durable en Afrique*, 2017.
L. BOURQUIN, *Europe 3.0 : le grand réveil*, 2017.
A. ROSOWSKY, *De l'économie de pillage a la société désagrégée, un essai sur la révolution thatchérienne*, tomes 1 & 2, 2017.

► ***Série Krisis***

A. MARQUEZ-VELASCO, *Politique et économie. 10 mesures phares pour un monde meilleur*, 2015.
R. GOODFELLOW, *Le cycle des crises aux États-Unis depuis 1929. essai de systématisation de la conjoncture*, 2016.
M. LAUDET, *Aux origines de l'économie politique : Antoine de Montchrestien et son « traicte de l'oeconomie politique »*, 2016.
J. HUERTA DE SOTO, *La théorie de l'efficience dynamique*, 2017.
Y. LEVANT, S. TREBUCQ, *Théorie comptable et sciences économiques du XVe au XXIe siècle, mélanges en l'honneur du professeur Jean-Guy Degos*, 2018.

► **Série *Clichés***

S. BOUTILLIER, D. UZUNIDIS (dir.), *La Russie européenne. Du passé composé au futur antérieur*, 2008.
R. VOLPI, *La négociation. Pain, paix, liberté*, 2009.

► ***Série Cours Principaux***

B. NDIAYE, *Analyse économique de l'investissement en capital humain*, 2014.
P. BOUVIER-PATRON, *Economie et management de l'entreprise innovante. Réseaux, territoire et développement durable*, 2014.
J. KIAMBU, *Eléments d'analyse économique*
J.-P. MOCKERS, *Court traite d'économie et de politique économique*, 2016.
P.-Y. CARASCO, Prix de transfert et stratégies d'optimisation fiscale de la firme multinationale, 2017.
B. LANDAIS, *Les fluctuations économiques, une synthèse nouvelle*, 2017.

► ***Série L'économie formelle***

M. SANTI, *L'Europe. Chroniques d'un fiasco économique et politique*, 2013.
J. BERNARD, *La croissance. 10 points cruciaux*, 2013.
P.-A. LAMBERT, *Le temps de la rigueur. Fiscalité, protection sociale, mondialisation*, 2014.
F. BISMANS, *La grande récession : un autre regard sur des temps troubles (2007-2013)*, 2016.
B. SCHWENGLER, *De l'inflation à la dette publique : analyse des discours politiques*, 2016.

L'HARMATTAN ITALIA
Via Degli Artisti 15; 10124 Torino
harmattan.italia@gmail.com

L'HARMATTAN HONGRIE
Könyvesbolt ; Kossuth L. u. 14-16
1053 Budapest

L'HARMATTAN KINSHASA
185, avenue Nyangwe
Commune de Lingwala
Kinshasa, R.D. Congo
(00243) 998697603 ou (00243) 999229662

L'HARMATTAN CONGO
67, av. E. P. Lumumba
Bât. – Congo Pharmacie (Bib. Nat.)
BP2874 Brazzaville
harmattan.congo@yahoo.fr

L'HARMATTAN GUINÉE
Almamya Rue KA 028, en face
du restaurant Le Cèdre
OKB agency BP 3470 Conakry
(00224) 657 20 85 08 / 664 28 91 96
harmattanguinee@yahoo.fr

L'HARMATTAN MALI
Rue 73, Porte 536, Niamakoro,
Cité Unicef, Bamako
Tél. 00 (223) 20205724 / +(223) 76378082
poudiougopaul@yahoo.fr
pp.harmattan@gmail.com

L'HARMATTAN CAMEROUN
TSINGA/FECAFOOT
BP 11486 Yaoundé
699198028/675441949
harmattancam@yahoo.com

L'HARMATTAN CÔTE D'IVOIRE
Résidence Karl / cité des arts
Abidjan-Cocody 03 BP 1588 Abidjan 03
(00225) 05 77 87 31
etien_nda@yahoo.fr

L'HARMATTAN BURKINA
Penou Achille Some
Ouagadougou
(+226) 70 26 88 27

L'HARMATTAN SÉNÉGAL
10 VDN en face Mermoz, après le pont de Fann
BP 45034 Dakar Fann
33 825 98 58 / 33 860 9858
senharmattan@gmail.com / senlibraire@gmail.com
www.harmattansenegal.com

www.ingramcontent.com/pod-product-compliance
Lightning Source LLC
LaVergne TN
LVHW011315061026
849535LV00005B/1567
* 9 7 8 2 3 4 3 1 4 1 4 7 3 *